Querida Belli,

Espero que
te guste y
te aporte.

Con cariño

Junio 2014

HABLAR EN PÚBLICO SIN MIEDO
Comunicar bien no es de zombis

Mª CLAUDIA LONDOÑO

HABLAR EN PÚBLICO SIN MIEDO
Comunicar bien no es de zombis

Autora: Mª Claudia Londoño

Edita:
© FUNDACIÓN CONFEMETAL
Príncipe de Vergara, 74 – 28006 Madrid
Tel.: 91 782 36 30. Fax: 91 563 17 41
editorial@fundacionconfemetal.es
www.fundacionconfemetal.com

ISBN: 978-84-15781-18-9
Depósito Legal: M-13105-2014

Impreso en España – *Printed in Spain*

ÍNDICE

Mi agradecimiento y cariño a quienes me acompañaron y soportaron con empatía y paciencia durante el proceso de investigación, documentación y elaboración de este libro:

M. Isabel Calzadilla que con humor racionalizó el lenguaje y corrigió mis despistes,

Pilar Jiménez que, al responsabilizarse de muchas de mis tareas, me regaló el tiempo necesario para volcarme en el libro, y

Carlos Grolimund quien hizo que el trabajo de investigación y documentación fuera mucho más profundo y ágil

¡Gracias a los tres!

PRÓLOGO

Desde los años 40 con la película "Yo anduve con un zombie" hasta la serie "Walking Dead" pasando por la mítica "La noche de los muertos vivientes", el cine y la televisión expandieron la popularidad de estos personajes terroríficos que devoran o infectan a los seres humanos vivos.

En el libro que tiene en sus manos, María Claudia Londoño presenta un nuevo tipo de zombi, el zombi moderno, que armado con su móvil, tableta, internet y redes sociales comparte características con los cinematográficos. Carecen de un lenguaje corporal relevante, su comunicación oral es casi nula y solo se mueve por intereses de supervivencia. A lo largo del libro, los personajes creados por la autora transitan por estas debilidades y se exponen las técnicas necesarias para eliminarlas.

Conviene destacar que el zombi moderno no tiene el aspecto desastrado del clásico y que sus movimientos no son tan lentos como los de ellos (en alguna película, como la francesa "La horda", donde los zombis podían devorar a Usain Bolt marcan una excepción) así como, un lenguaje un poco mas evolucionado aunque mediatizado por la tecnología. El zombi moderno no devora a los humanos pero sí puede contagiarlos y transformarlos por lo que constituyen un serio problema en establecer comunicación real con otras personas.

El libro expone cómo establecer un proceso de comunicación rico, fluido y creativo, recuperando el don de la palabra que, poco a poco, se está perdiendo.

Espero que este libro les haga disfrutar como lo he disfrutado yo.

Carlos Grolimund

CAPÍTULO 1.

INTRODUCCIÓN

Nunca hemos tenido tantas posibilidades para comunicarnos como ahora. Realmente vivimos en una sociedad hiperconectada[1]. Todos llevamos un teléfono móvil que no sólo nos permite hablar, también gestionamos el correo electrónico, intervenimos en las redes sociales, nos informamos y "chateamos" mediante Whatsapp, o cualquier otro medio. Además, la tecnología también nos permite participar en videoconferencias utilizando cualquier dispositivo fijo o móvil.

Somos una sociedad afortunada, disponemos de unos medios tecnológicos con los que ni siquiera pudieron soñar las anteriores generaciones. Este cambio está haciendo evolucionar radicalmente no solo cómo nos acercamos al conocimiento, sino cómo nos comunicamos.

Sin embargo, en esta sociedad hiperconectada, no todo es perfecto. Tenemos la posibilidad de contactar con cualquier persona o entidad a través de las redes sin que importe en qué lugar del mundo estén ubicados, puede que tengamos más de mil seguidores en Twitter (con los que permanentemente estamos en contacto) o un millón de amigos, como dice la canción, en Facebook, a los que incluso felicitamos por su cumpleaños. Sin embargo, como vamos absortos con nuestro móvil o tableta, olvidamos saludar al vecino en el portal.

Como dice Javier Marías en su genial artículo "Los nuevos zombies[2]" *"...a todos nos atrae mucho más intercambiar mensajes-píldora con los ausentes que departir con quien se halla presente. La verdadera conversación pertenece al pasado, a quién le interesa".*

---

1. Enrique Dans en su libro TODO VA A CAMBIAR la define como sigue *"Una sociedad hiperconectada es una en la que sus elementos constituyentes, sean personas físicas, personas jurídicas o instituciones, se encuentran unidas por líneas virtuales de comunicación bidireccionales de diversa naturaleza. En nuestra sociedad actual, todos nos hallamos unidos por una serie de líneas de comunicación más o menos visibles, que se expresan de una manera u otra en la red. Una cantidad creciente de personas desarrollan una presencia en Internet, que puede ser de muchos tipos: voluntaria o involuntaria, deseada o no deseada, gestionada por ellos o por terceros. Esa presencia puede ir desde la aparición de su nombre en un Boletín Oficial a causa de una multa de tráfico inadvertidamente impagada, hasta una página personal que recoge todos los detalles de su vida incluyendo un listado exhaustivo de sus actividades durante las últimas horas".*
2. Javier Marías, El País Semanal, Los nuevos zombies, publicado el 21 de abril de 2013.

Efectivamente, la comunicación cara a cara se cuida mucho menos, en algunos casos incluso podría decirse que para algunos es "agua pasada". Tanto es así que ha surgido un nuevo espécimen que podemos clasificar como el "zombi" moderno.

Este zombi, descrito con humor por el bloguero Enrique Navajas[3], tiene las siguientes características:

- Alimentación: Redes sociales y mensajes de texto. Adoran los tweets.
- Características psicológicas: Normalmente son de inteligencia media-alta, aunque pierden toda capacidad cuando se conectan a internet.
- Características físicas: Bastante torpes, es fácil chocarse con ellos en la calle. Debido a que siempre están sosteniendo un Smartphone, se puede decir que solo tienen un brazo útil.
- Hábitat: Se concentran en las grandes ciudades, en las paradas de autobús, metro y otros transportes públicos. Se masifican en tiendas especializadas en telefonía.
- Costumbres: Prefieren las redes sociales a la Vida Real™ y los *followers* al calor humano. Tratarán de captarte como amigo de Facebook o mejor aún como seguidor de Twitter.

Claro está que el espécimen descrito no somos ni esta autora ni tú, lector, son gente a la que desde luego no conocemos, entre otras cosas, porque como se mueven en un universo casi paralelo y bien distinto del nuestro, es difícil coincidir. Aún así, están cambiando muchas cosas pero desde luego lo que nunca cambiará es la necesidad inherente al ser humano de comunicar y si lo hacemos de forma muy eficaz, mucho mejor.

---

3. Enrique Navajas, Delirios del Lápiz (#6 nuevos zombies)
http://www.antonionavajas.com/blog/wp-content/uploads/2011/09/comic6.gif

La buena comunicación requiere:
- **Pensamiento organizado**
- **Definir las ideas que se quieren transmitir**
- **Exponer las ideas con orden para captar la atención del receptor.**

El objetivo del libro es mostrar cómo, dónde y a quién nos dirigimos cuando se habla en público, que no siempre tiene por qué ser un gran auditorio. Hablamos en público cuando participamos en una reunión, hacemos una presentación, nos presentamos a una entrevista de trabajo, actuamos como formadores o profesores o simplemente acudimos a una reunión de propietarios de una comunidad de vecinos.

La autora acompaña al lector en las diferentes etapas que se deben cubrir para comunicar con eficacia, analizándose las competencias, habilidades y conocimientos necesarios para ello, con la ayuda de cuatro personajes, Alberto (el zombi), Marta (la perfeccionista), Enrique (el estudioso) e Isabel (la nerviosa). Ninguno de ellos es perfecto y tampoco ninguno es irrecuperable. Sencillamente, son seres humanos con sus cualidades y sus defectos. Todos en algún momento pueden sufrir el efecto "zombi" y en otros pueden ser absolutamente brillantes.

No es el propósito, por supuesto, indicarle al lector qué debe decir ante una comparecencia de cualquier tipo, ya que eso pertenece al ámbito de cada orador, su experiencia y pericia, sino cómo hacerlo.

Se inicia este paseo entre zombis y personas analizando los fundamentos de la comunicación (esos que ignoran o han olvidado los nuevos zombis), cómo afecta el contexto y cuáles son las principales barreras.

A continuación se examinan algunas de las competencias relacionadas con el conocimiento de uno mismo, las fortalezas y debilidades que proporcionarán al lector una visión clara de sus emociones, lo que, sin duda, le permitirá afrontar con menor estrés, entre otros, el miedo a hablar en público.

Se dedica el capítulo cuarto a las habilidades sociales y de comunicación, analizándose cómo utilizar el lenguaje verbal y no verbal, así como el poder de la voz, el tono y la utilización del espacio físico.

Bajo el título "Qué es necesario saber cuando se va a hablar en público y casi nadie se atreve a preguntar", se muestran los distintos tipos de actos en los que actúan oradores, las distinciones entre actos públicos y privados, sean estos corporativos o no, así como las distintas configuraciones de actos posibles.

Asimismo, se plantean algunas consideraciones sobre los beneficios (especialmente para la carrera profesional) de hablar en público con éxito.

El capítulo sexto se centra en el análisis del discurso en sí mismo, su construcción y fases.

En el siguiente capítulo se examinan los formatos y modalidades, con un apartado dedicado al *"story-telling"* y las situaciones más típicas en las que se habla en público, desde la entrevista de trabajo, la mesa redonda o una rueda de prensa hasta el discurso improvisado, incluyendo también el trato con el público difícil.

Finaliza el libro con un examen a las causas del pánico escénico y el miedo a hablar en público y cómo combatir o paliar sus efectos, partiendo de que el pánico escénico no es genético aunque sí puede tener un origen cultural.

CAPÍTULO 2.

PRINCIPIOS BÁSICOS
DE LA COMUNICACIÓN

Para comunicar con eficacia es imprescindible comprender sus principios y cómo se produce la comunicación. En este capítulo se analiza el proceso, cómo se desarrolla con fluidez y cómo puede interrumpirse o no producirse la comunicación, bien por parte del emisor, bien por parte de los receptores a quienes se quiere transmitir el mensaje.

En su sentido más amplio, comunicar significa hacer llegar información, desde un emisor hasta un receptor, a través de un canal y con la consiguiente respuesta, lo que se denomina retroalimentación, en inglés *feedback* y todo este proceso se desarrolla dentro de un determinado contexto.

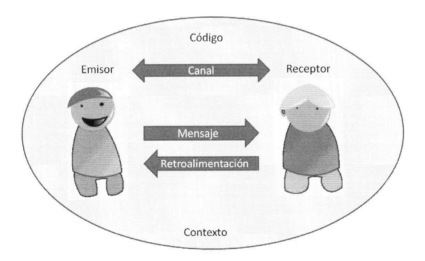

El proceso de la comunicación

- **Contexto**

Indudablemente el contexto influye en la eficacia del mensaje, entre otros elementos. Depende mucho del estado anímico y físico tanto del emisor como del receptor o receptores.

El contexto comunicativo lo conforma el conjunto de elementos, factores y circunstancias (personales, ambientales, sociales...) que hacen que el proceso de comunicación se desarrolle de una forma determinada.

- **Canal**

La comunicación no solamente se realiza a través de las palabras, existen otros elementos que trasmiten información en todo proceso de comunicación. Estos elementos se denominan canales de información y se denominan canal visual, canal vocal y canal verbal.

CANAL VISUAL   CANAL VOCAL   CANAL VERBAL

CANALES DE COMUNICACIÓN

— El **canal visual** de comunicación es muy poderoso, representa más de la mitad del impacto que se puede producir en el interlocutor, lo que ve es tan decisivo como lo que escucha.

La buena presencia, la imagen que se proyecta y se define como "algo de naturaleza visible o concreta", no significa belleza o apostura, implica algo más. La buena presencia se refiere al porte, aspecto y apariencia de una persona. Realmente, una buena presencia que comunique lo mejor de uno mismo, implica encontrar el equilibrio apropiado.

¿Cómo se consigue proyectar una buena presencia? Como ya se ha indicado, el término no se refiere a ajustarse a determinados cánones de belleza; sin embargo, sí tiene que ver con la indumentaria, el porte y ademanes de una persona.

Una persona desaliñada o, por el contrario, excesiva en cualquier forma, ya sea por tener una imagen demasiado estridente o con atuendos excesivamente lujosos o inadecuados al entorno, produce un cierto rechazo. Asimismo, la apariencia y los ademanes, es decir, el lenguaje postural influyen enormemente en la comunicación; si la actitud corporal proyecta seguridad en sí mismo, el diálogo es más fluido y, además, produce una mayor credibilidad. Por el contrario, los ademanes inseguros, una apariencia poco desenvuelta, proyectan inseguridad y menor credibilidad.

— El canal **vocal** está relacionado con el timbre, volumen, ritmo y tono de la voz. En este caso, también lo óptimo es encontrar el equilibrio: un timbre moderado, un volumen y ritmo medios, con tonos bien modulados e introduciendo las pausas necesarias, constituyen ese equilibrio perfecto.

— A pesar de que prolijos estudios indican que, en comparación con lo que se proyecta a través de los canales visual y vocal, las palabras tienen menor importancia en los diálogos cara a cara, el cómo se dice a veces tiene mayor importancia que el qué se dice.

Tenemos un idioma rico en matices, aunque lamentablemente empobrecido por el uso de eufemismos o términos "políticamente correctos". El lenguaje es una herramienta sumamente poderosa, ¿por qué renunciar a utilizarla de la mejor manera posible?

> *Los límites de mi lenguaje son los límites de mi propio mundo.*
>
> **Ludwid Wittgenstein**

• Emisor

Dentro del proceso comunicativo, es la parte que inicia el intercambio de información y conduce el acto comunicativo. Es quien transmite el mensaje, el que dice o hace algo con significado.

En su mensaje, el emisor integra sus valores, creencias, cultura, experiencias y objetivos.

Por lo general, el emisor desea cierto tipo de respuesta para asegurarse de que su mensaje ha sido comprendido, esta respuesta no tiene que ser necesariamente en forma verbal, puede ser simplemente un gesto de asentimiento, una mirada de comprensión, etc. Cuando no se produce, el flujo de la comunicación se interrumpe.

- **Receptor**

El receptor es aquella persona a quien va dirigida la comunicación. El receptor (o receptores) del mensaje lo recibe y comprende de acuerdo con sus valores, creencias, cultura, experiencias y objetivos.

Es a quien va destinado el mensaje, realiza un proceso inverso al del emisor ya que debe descifrar e interpretar lo que el emisor quiere dar a conocer.

- **Retroalimentación**

Es la condición necesaria para que el proceso comunicativo sea interactivo, siempre y cuando se reciba una respuesta (actitud, conducta) sea deseada o no, consiguiendo la interacción entre el emisor y el receptor. Puede ser positiva (cuando fomenta la comunicación) o negativa (cuando se busca cambiar el tema o terminar la comunicación). Si no hay realimentación, entonces sólo hay información mas no comunicación.

Existen dos tipos de receptores, el pasivo que es el que sólo recibe el mensaje, y el receptor activo o perceptor que no sólo recibe el mensaje sino que lo percibe, lo almacena, e incluso da una respuesta, intercambiando los roles.

En este caso, donde un receptor o perceptor se transforma en emisor al producir y codificar un nuevo mensaje para ser enviado al ente emisor —ahora devenido en receptor— es donde se produce el *feedback* o retroalimentación.

La retroalimentación o *feedback* cuando es positiva da inicio a una nueva comunicación. El resultado es un circuito completo de comunicación conocido como comunicación en dos sentidos. Esto significa que un emisor y un receptor se encuentran intercambiando mensajes, de manera que existe un flujo de información.

* **Código**

La codificación es un proceso a través del cual el emisor elabora el mensaje para que pueda ser comprendido por el receptor. Si no existe un código común al emisor y al receptor, el proceso de comunicación será deficiente en el mejor de los casos, o no existirá en absoluto en determinadas circunstancias.

PROCESO DE COMUNICACIÓN CORRECTO

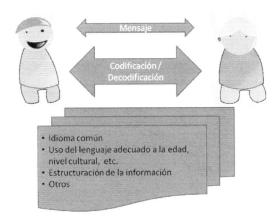

Para la preparación o codificación del mensaje el emisor utiliza sus conocimientos relacionados con las características del canal que va a emplear, las exigencias del público al que va a dirigirse, del lenguaje que va a utilizar, así como de la cultura de quien lo va a recibir.

Emisor
zombi

Receptor

PROCESO FALLIDO DE
COMUNICACIÓN

La comunicación es inherente al ser humano. Incluso cuando no queremos comunicarnos, estamos comunicando. Se trata del proceso más importante después de alimentarnos.

• **Comunicación verbal**

Lenguaje hablado y escrito. Un mensaje verbal (oral) puede transmitirse y recibir respuesta de manera inmediata. Si el receptor no muestra interés por el mensaje, una retroalimentación rápida permite al emisor detectar los problemas y corregirlos.

Todo ello nos conduce a considerar la comunicación como un intercambio de información en el que intervienen elementos como la actitud, la entonación y la vocalización; el lenguaje y, desde luego, la empatía necesaria entre los protagonistas de un proceso de comunicación.

Ventajas y desventajas de la comunicación verbal (oral):

VENTAJAS
- Es inmediata
- Existe retroalimentación
- Proporciona mayor cantidad de información en menos tiempo
- Complementada, puede ser mediante gestos

DESVENTAJAS
- Existe un elevado potencial de distorsión
- El riesgo de interpretación personal es mayor
- No todas las personas tienen una misma idea sobre una misma palabra
- Posee una cobertura limitada

La comunicación escrita frente al lenguaje oral presenta diferencias y dificultades. En primer lugar, requiere un mayor esfuerzo intelectual para concretar el mensaje que se quiere transmitir, hablar es más fácil, más rápido y además hay mayor control de los resultados de la comunicación. En segundo lugar, la comunicación escrita tiene un carácter más permanente y requiere de mayor cuidado del leguaje y del estilo.

- **Comunicación no verbal**

  Es el proceso de comunicación mediante el envío y recepción de mensajes sin palabras. Estos mensajes pueden ser comunicados a través de gestos, lenguaje corporal o postura, expresión facial y el contacto visual.

  En el análisis de la comunicación no verbal es necesario tener en cuenta dos criterios básicos:

  a) Cada comportamiento no verbal está ineludiblemente asociado al conjunto de la comunicación de la persona. Incluso un solo gesto es interpretado en su conjunto, no como algo aislado por los miembros de la interacción. Si es un gesto único asume su significado en cuanto gesto y en un cuanto que no hay más gestos.
  b) Es importante en la interpretación del sentido de la comunicación no verbal, situar cada comportamiento no verbal en su contexto comunicacional.

- **Comunicación paraverbal**

Muy vinculada a "cómo se dicen las cosas" en lugar de a "lo que se dice". Por ejemplo, el volumen de la voz, la velocidad o el tono, son aspectos que no alteran el mensaje verbal pero que afectan directamente al significado del mensaje y a cómo este es recibido.

Se considera también lenguaje paraverbal, las pausas, los carraspeos, llantos, etc., porque indican emoción o estado de ánimo: tristeza, pena, alegría, determinación, duda, etc.

Es esta una cuestión crítica para cualquier persona que desee tener éxito en sus actividades relacionadas con hablar en público y que se tratará con mayor profundidad en el capítulo 4.

Los mensajes transmitidos verbalmente deben coincidir con los que emiten el cuerpo y la voz. Tiene que existir coherencia entre lo que se dice —comunicación verbal— y cómo se dice comunicación no verbal y paraverbal.

La credibilidad que el interlocutor da a las palabras es comparativamente insignificante frente a la que se concede al lenguaje corporal. Los expertos (psicólogos, sociólogos y antropólogos) sostienen que es muy difícil ocultar nuestras intenciones con el lenguaje del cuerpo. Según el antropólogo Albert Mehrabian[1], la importancia del componente no verbal representa el 55% del impacto total de un mensaje, mientras que la palabra sólo influye un 7%. El 38% restante corresponde a lo paraverbal, esto es la entonación y el matiz de la voz.

---

1. El profesor Albert Mehrabian, de la Universidad de California, Los Angeles (UCLA), llevó a cabo un estudio sobre la relaciones entre lo que él denominó las tres "uves" de la comunicación oral: "lo Verbal" (las palabras que se pronuncian), "lo Vocal" (la manera en que esas palabras son pronunciadas: entonación y proyección) y "lo Visual" (el aspecto y las formas del ponente cuando habla). Publicó sus conclusiones en su obra *Silent Messages* ("Mensajes silenciosos").

2.1. BARRERAS DE LA COMUNICACIÓN

Todo elemento que impide el intercambio de información entre un emisor y un receptor constituye una barrera para la comunicación.

Básicamente hay cinco tipos de barreras o interferencias:

- **Físicas.** Interviene un elemento externo o ajeno a los integrantes del proceso comunicativo (por ejemplo, ruido ambiental que no permite escuchar adecuadamente).
- **Técnicas.** Se refiere básicamente a las interferencias provocadas por el mal funcionamiento de algún dispositivo: teléfono, televisión, radio, etc.
- **Fisiológicas.** Son provocadas por una disfunción física del receptor o el emisor. Incluye pero no se limita a problemas de audición, oculares o trastornos del habla.
- **Psicológicas.** Algún estado de ánimo o pensamiento o alguna actitud o creencia que no permite que el emisor o el receptor envíen o reciban eficazmente el mensaje.
- **Semánticas.** Se relacionan con el significado de las palabras y la mala elección de ellas para dar el significado correcto, lo que provoca mensajes con varios sentidos confusos.

Estas barreras son muy comunes en la vida diaria y aparecen en una variedad casi ilimitada de formas.

Algunas son problemas con soluciones claras. Por ejemplo, si estamos hablando por el móvil y hay un gran ruido de sirenas a nuestro alrededor, parece obvio decir que se perderá al menos parte del mensaje que recibimos o emitimos. Este es un ejemplo claro de barrera física, si además estamos en un lugar que tiene mala cobertura de móviles, a la física habrá que añadir una barrera técnica. Quizá la solución sea intentar la comunicación desde un entorno más propicio.

Igualmente, si se mantiene un diálogo con una persona con dificultades de oído, lo ideal no es gritar sino buscar un entorno libre de ruidos, con lo que, en la medida de lo posible, se eludirá la barrera fisiológica.

Para los fines de este libro, las dos últimas, barrera psicológica y barrera semántica, son las que adquieren mayor relevancia. Estas barreras son mucho más sutiles; hay que ser muy perspicaz incluso para captarlas. Es por ello que se amplía la información en los dos siguientes epígrafes.

2.1.1. Barreras psicológicas

Cuando nos referimos a una barrera psicológica en realidad estamos hablando de una amplia gama de bloqueos por parte del receptor del mensaje, relacionados con factores emocionales o físicos (cansancio, calor, frío, incomodidad, etc.).

Aunque menos evidentes que otro tipo de barreras, tienen la misma o mayor posibilidad de interferir o impedir la comunicación. De hecho, los problemas ocultos tienden a ser más adversos por estar a menudo relacionados con las debilidades del ser humano y con sus defensas, de modo que no es posible solucionarlos con facilidad. Su solución requerirá, conocimiento de sí mismo y madurez por parte de todos los interesados.

A pesar de que las barreras psicológicas abarcan una amplísima gama de posibilidades, impidiendo por tanto clasificarlas exhaustivamente, se muestran a continuación las más generales:

* **Incongruencia entre el lenguaje verbal y no verbal:** Pensamos en el lenguaje como el medio primario de comunicación, pero en los mensajes que enviamos y recibimos tienen una profunda influencia ciertos factores no verbales, como los movimientos corporales, la ropa, la distancia que guardamos con el interlocutor, nuestra postura, los gestos, la expresión facial, los movimientos oculares y el contacto corporal.

Aun cuando nuestro mensaje sea tan simple como el saludo, "buenos días", podemos transmitir intenciones diferentes mediante la comunicación no verbal.

- **Atención selectiva:** Sucede cuando una persona se bloquea ante una información que no responde a sus ideas, ignorándolas.
- **Juicios de valor:** Cuando el receptor formula su juicio de valor antes de completar la recepción de la información que se le transmite.
- **Filtración:** Consiste en la manipulación de la información por parte de uno de los interlocutores con el objetivo de que el receptor la considere siempre positiva.
- **Diferencias jerárquicas (profesional y/o social):** Esta diferencia se produce en el trato por medio de la comunicación, presentándose ciertas distorsiones en su transmisión, que evitan, muchas veces, que los subordinados no respondan y eviten formular preguntas que permitirían clarificar las ordenes o instrucciones que reciben.
- **Comportamiento proxémico[2]:** Se refiere al uso del espacio que toda persona utiliza en sus comunicaciones interpersonales.
- **Presiones de tiempo:** La falta de tiempo para entablar una comunicación constituye una barrera negativa en toda transmisión que pueda quedar incompleta por ese motivo.
- **Exceso de comunicaciones:** Cuando la información se transmite en exceso pueden presentarse inconvenientes en la recepción acerca de su real interpretación.

2.1.2. Barreras semánticas

Las barreras semánticas surgen cuando hay un desacuerdo entre las palabras que están siendo utilizadas, generalmente, aunque no necesariamente, porque los interlocutores procedan de diferentes culturas, impidiendo que determinen un significado común de las palabras.

---

2. Proxémica es el término empleado por el antropólogo Edward T. Hall en 1963 para describir las distancias medibles entre las personas mientras estas interactúan entre sí. El término proxemia se refiere al empleo y a la percepción que el ser humano hace de su espacio físico, de su intimidad personal; de cómo y con quién lo utiliza.

Esto ocurre con mayor frecuencia cuando las partes involucradas hablan diferentes lenguajes aunque compartan el mismo idioma.

El emisor puede emplear las palabras con determinados significados, pero el receptor, por diversos factores, puede interpretarlas de manera distinta o no entenderlas, lo cual incide en una deformación o deficiencia del mensaje.

Se muestran a continuación algunas de las barreras semánticas más comunes:

- **Lenguaje de grupo:** Es la jerga acostumbrada a identificar determinados conceptos por medio de palabras que no son por todos conocidos.

Se trata de lenguajes profesionales o especializados, por ejemplo. Se produce cuando uno de los interlocutores utiliza términos con los que se encuentra familiarizado por razón de su profesión. Un caso paradigmático es el del experto que utiliza su argot profesional para comunicarse con los legos en su materia (algunos médicos, informáticos, abogados y últimamente, como no, algunos gurús de la cocina, financieros y empleados de banca, por citar los casos más comunes).

¿Alguien espera que el público en general entienda a qué se refieren los cocineros modernos cuando hablan de "cocina molecular"? ¿Era de uso común el término "preferentes" hace sólo unos pocos años?

- **Diferencias de lenguaje:** Para que un mensaje sea comunicado como es debido, las palabras utilizadas deben significar lo mismo para el emisor y para el receptor, quienes deben compartir el mismo significado simbólico.

La edad, la educación, el nivel cultural y muchas veces la capacidad o nivel de inteligencia de las personas, son variables que influyen en el lenguaje que utilizan y que son capaces de comprender.

Los grandes oradores no tienen porque utilizar un lenguaje esotérico o poco comprensible. El buen orador tiene como principal objetivo conectar emocionalmente con su audiencia, no impresionarlos con su florido vocabulario.

Aunque se trate de transmitir un objetivo único, el mensaje no puede ser idéntico cuando se transmite a un grupo de niños, adolescentes, ancianos o un colectivo heterogéneo. Indudablemente la idea será la misma pero el lenguaje tiene que ser distinto.

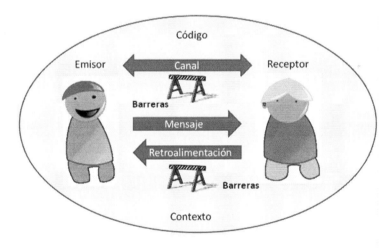

El proceso de la
comunicación

Alberto (el zombi) debe hablar con los becarios

Sin lugar a dudas, Alberto es un técnico de primera pero tiene algunos problemas de comunicación.

Su jefe le ha pedido que reúna a los becarios y les explique algunos procedimientos técnicos elementales para los empleados de la empresa, pero desconocidos para alguien de fuera. Aunque esto último, Alberto no lo ha pensado nunca.

Por ello, Alberto se reunió con los becarios y les explicó brevemente (siempre va con prisa) los principales procedimientos.

El problema es que nadie entendió nada. En parte debido al vocabulario y en parte porque no ha existido un verdadero proceso de comunicación. Mientras les hablaba, realmente estaba pendiente de su móvil porque espera un mensaje importante.

En conclusión, los becarios salen de la reunión pensando que va a ser muy difícil el trabajo, si no entienden el "idioma" ¿cómo van a poder hacerlo?

Además, Alberto a algunos les produce auténtico terror y otros piensan que es un pedante.

Comentario

Alberto no ha tenido en cuenta que el proceso de comunicación debe ser bidireccional. Los interlocutores tienen que recibir el mensaje y sobre todo entenderlo, para ello es necesario que compartan el código.

Tampoco ha habido *feedback* puesto que nadie ha dicho nada y como Alberto no se ha centrado en el auditorio, ha ignorado la incomprensión que seguramente mostrarían las caras de los oyentes.

Como conclusión, comunicar de manera eficaz no es fácil, aunque la comunicación sea inherente al ser humano.

Cuando escuchamos a un brillante orador, siempre hay una vocecita que nos dice **"tu puedes hacerlo igual de bien"** y posiblemente, en seguida comenzamos a pensar sobre qué nos gustaría disertar.

No cabe duda de que esta es una actitud positiva pero, además de decirlo, hay que trabajar para lograrlo.

Por otro lado, surge otra voz, bastante menos amable que nos dice **"¡Jamás podrás hacerlo así de bien! ¡No estás preparado y además nunca se te ocurre nada extraordinario ni digno de compartir!"**.

Pero, es inevitable, en un momento u otro nos veremos abocados a hablar en público, por ello, lo mejor es estar preparado y acallar la voz maligna. Todos tenemos algo válido que compartir y todos tenemos que aprender a merecer que se preste atención a lo que queremos transmitir.

Antes de decir "no soy capaz", hay que reflexionar y aprender a conocerse a uno mismo. Por ello, invito al lector a leer el capítulo siguiente.

CAPÍTULO 3.

EL CONOCIMIENTO DE UNO MISMO O INTELIGENCIA INTRAPERSONAL

> **"De todos los conocimientos posibles, el más sabio y útil es conocerse a sí mismo"**
>
> **William Shakespeare**

El conocimiento de uno mismo siempre es importante y lo es aún más cuando se trata de analizar nuestras fortalezas y debilidades en la comunicación, es este un primer paso para hablar en público y no parecer un zombi, ya sea ante una gran audiencia, un grupo reducido o simplemente en una entrevista o cualquier otra circunstancia.

Salovey y Mayer[1] utilizaron la expresión Inteligencia Emocional para describir cualidades como la comprensión de los propios sentimientos, la comprensión de los sentimientos de otras personas y "el control de la emoción de forma que intensifique la vida".

Proponen un método para controlar las emociones que incluye cuatro técnicas distintas: identificar nuestras emociones y las de los demás, utilizar las emociones, comprenderlas y conducirlas.

Cada una de estas técnicas puede ser usada independientemente, pero al mismo tiempo cada una de ellas se construye sobre la base de las otras.

---

1. Peter Salovey, profesor y rector de la Universidad de Yale y John Mayer profesor de la Universidad de NewHamsphire, son los creadores originales del término que luego daría la vuelta al mundo gracias a la popularidad del libro de Daniel Goleman.

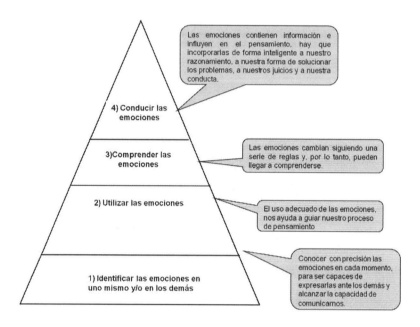

Aunque la importancia de la inteligencia emocional sólo alcanzó el interés público con el *best-seller*[2] del mismo nombre de Daniel Goleman en 1995, en su libro "La Inteligencia Emocional" y en su secuela "La Práctica de la Inteligencia Emocional" sostiene que este tipo de inteligencia puede ser desarrollada y fortalecida en todos nosotros, y cómo su carencia puede influir no solo en la carrera profesional sino en todos los ámbitos de la vida.

Según las tesis de Goleman es la inteligencia emocional y no la inteligencia entendida de forma tradicional la que aporta mayores posibilidades de éxito en la vida.

---

2. Pocos libros en los últimos años han alcanzado la difusión de Inteligencia Emocional, publicado por Daniel Goleman en 1995. Ha sido traducido a 30 idiomas. En algunos países como Taiwan, Brasil o Alemania están entre los libros más vendidos de todos los tiempos.

Por otra parte, y en la misma línea de pensamiento, Howard Gardner[3] define la inteligencia intrapersonal como el conjunto de competencias o habilidades que nos permiten formar un modelo preciso y verídico de nosotros mismos, así como utilizar dicho modelo para desenvolvernos de manera eficiente en la vida.

3.1. CONCIENCIA EMOCIONAL O AUTOCONCIENCIA

La primera competencia de la Inteligencia Emocional es la conciencia emocional, sin ella no podemos regular y controlar las emociones. Se trata de la capacidad de reconocer el modo en que estas afectan al comportamiento. Las personas dotadas de esta competencia[4]:

* **Conocen qué tipo de emociones están sintiendo y por qué.**

Las emociones son mecanismos que nos ayudan a reaccionar con rapidez ante acontecimientos inesperados; a tomar decisiones con prontitud y seguridad, y a comunicarnos en forma no verbal.

Ser consciente de qué emociones tenemos, cuáles nos surgen más a menudo, a qué actitud determinada nos predisponen... nos permite conocernos y decidir cómo y hacia dónde dirigir nuestra emoción.

Por ejemplo, para poder controlar el miedo a hablar en público es necesario saber cuál es el factor desencadenante, y cuál es el proceso por el que surge tan poderosa emoción; sólo entonces se podrá aprender a dominar ese miedo y a utilizar esta emoción de forma adecuada.

---

3. Howard Gardner (Scranton, Estados Unidos, 11 de julio 1943) es un psicólogo, investigador y profesor de la Universidad de Harvard, conocido en el ámbito científico por sus investigaciones en el análisis de las capacidades cognitivas y por haber formulado la teoría de las inteligencias múltiples, la que lo hizo acreedor al Premio Príncipe de Asturias de Ciencias Sociales 2011.
4. Véase el capítulo 4 de "La Práctica de la Inteligencia Emocional", Daniel Goleman, Editorial Kairós.

- **Comprenden cómo las emociones influyen en sus pensamientos, sus palabras y sus acciones.**

El análisis de cómo las emociones influyen no solo psíquicamente sino físicamente, evita la confusión emocional.

- **Conocen el modo en que sus sentimientos afectan a su rendimiento intelectual y laboral.**

Los sentimientos son fruto de la emoción. A modo de ejemplo, una persona ofuscada por la ira, raramente logra resultados intelectuales óptimos, lo que afectará negativamente a sus habilidades de comunicación.

- **Son conscientes de sus valores y objetivos.**

Los valores constituyen la forma de pensar, ver y actuar de cada persona. Sin embargo, la escala de valores no es un elemento estático, depende de múltiples factores que van haciendo que determinados valores predominen sobre otros, de acuerdo con las circunstancias históricas, sociales y personales.

Los objetivos personales parecen estar muy vinculados a los propios valores. En caso contrario todo nuestro ser se ve afectado por la contradicción.

Es crucial no confundir los objetivos con los deseos. Muchos desean aprender inglés, por ejemplo, aunque si solo se limitan a expresar el deseo sin establecer un plan para conseguirlo, difícilmente se convertirá en un objetivo.

Marta (la perfeccionista) quiere mayor proyección profesional

Marta es desde hace varios años la segunda en el departamento de comunicación de una importante empresa. Tras estos años en los que ha trabajado como la que más, cree que ya es hora de buscar, dentro o fuera de la empresa, un puesto de dirección.

En realidad, cuando comenzó a trabajar en la compañía, esperaba alcanzar un ascenso con facilidad en menos de dos años, puesto que nadie la supera en cuanto a capacidad de trabajo y dedica más horas de las que quisiera para que todo salga mejor que bien. Sin embargo, han pasado cinco años y nada ha sucedido.

A Marta le gusta hacer las cosas bien, es perfeccionista en el trabajo y escrupulosa en cuanto a sus valores. Por tanto, en primer lugar, hablará con su jefe (realmente ese es el puesto al que aspira), aunque no descarta otras posibilidades. También quiere mantener otras conversaciones con Recursos Humanos y Dirección General. Si no ve expectativas a corto plazo para lograr su proyección profesional, comenzará a buscar otras opciones fuera de la empresa.

De manera inmediata, comienza a diseñar mentalmente cómo plantear sus aspiraciones.

Comentario

Marta es muy consciente de sus valores aunque no tanto de sus objetivos puesto que si se había fijado como meta ascender en dos años, no parece coherente que deje pasar otros tres antes de ponerse en acción.

Parece que se conoce a sí misma, sabe que es trabajadora y eficiente pero quizá sería bueno que se analizara con mayor profundidad y se planteara cuestiones tales como ¿por qué ha olvidado o pospuesto sus objetivos durante tanto tiempo? ¿Además de trabajar exhaustivamente, se ha relacionado con la gente de su empresa y con la de las empresas afines a la suya? Posiblemente tenga que buscar la posibilidad de trabajar en otra empresa y estas empresas pueden ser su mejor opción.

3.2. AUTOESTIMA

La autoestima puede definirse como el sentimiento de aceptación y aprecio hacia uno mismo y está directamente vinculado al sentimiento de competencia y valía personal. Son muchos los expertos que señalan la importancia de tener autoestima para lograr éxitos en la vida.

El concepto que tenemos de nosotros mismos no es innato, sino aprendido de nuestro entorno, mediante la valoración que hacemos de nuestro proceder y de la percepción e interiorización del juicio de los demás respecto a nuestra persona. La importancia de la autoestima radica en que nos impulsa a actuar, a seguir adelante y nos motiva para conseguir nuestros objetivos.

La persona dotada de esta competencia:

* Asume responsabilidades
* Se siente orgulloso de sus éxitos
* Afronta nuevas metas con optimismo
* Se quiere y se respeta a sí misma
* Rechaza las actitudes negativas
* Expresa sinceridad en toda demostración de afecto
* Se siente conforme consigo misma tal como es

> *"La satisfacción de la necesidad de autoestima conduce a sentimientos de autoconfianza, valía, fuerza, capacidad y suficiencia, de ser útil y necesario en el mundo."*
>
> **Abraham Maslow**

3.2.1. Baja autoestima y sus consecuencias

Buscar siempre la aprobación externa puede resultar un arma de dos filos. La falta de autoestima es en sí misma un terrible miedo al fracaso del que con frecuencia se culpa a otros o a las circunstancias, porque de algún modo no se quiere asumir el control de la propia vida.

Las personas con poca autoestima muestran algunas o todas de estas características:

- Desprecia sus cualidades, no las considera importantes
- Se deja influir por los demás
- No es amable consigo misma
- Se siente impotente y menos que los demás
- A veces actúa a la defensiva
- Dice tener la autoestima bien alta sin que nadie le pregunte
- A veces culpa a los demás por sus faltas y debilidades
- No se quiere y no respeta su cuerpo
- A veces se hace daño a sí misma
- No le importa su entorno
- Se siente despreciada
- Suele buscar pretextos por sus errores

Alberto (el zombi) expone su proyecto

Alberto es realmente un experto en su campo, sin embargo, en su fuero interno no cree que sea tan bueno como dicen. Quizá es esta una de las razones por las que tiende a aislarse de los que están a su alrededor (tiene miedo de que descubran sus fallos) y prefiere comunicarse a través de las redes.

Por otro lado, y a pesar de su falta de autoestima, culpa a sus jefes de sus potenciales fracasos. Para colmo, acaban de comunicarle que liderará un equipo altamente cualificado. Son cinco técnicos a los que deberá transmitir la importancia del proyecto, la necesidad de trabajar en equipo y el cumplimiento de determinados requisitos y plazos.

Alberto considera que cualquiera de ellos podría liderar el equipo mucho mejor que él (aunque no existan razones objetivas para aseverar tal cosa), en realidad les teme, pero decide que no le van a intimidar y que, por lo tanto, van a saber desde el primer momento que el que manda es él.

Quiere reunirlos de inmediato, los convoca por correo electrónico y decide que no tiene tiempo de preparar lo que va a decir; por otra parte, tampoco es tan difícil y ya improvisará. El tiempo disponible lo invierte en comentar en Twitter su nombramiento y lo merecido que este es.

Cuando comienza la reunión, tiene la sensación de que en lugar de cinco personas, hay una multitud. De repente se bloquea y no sabe cómo explicar el proyecto. Pero, claro, *"esta gente se va a enterar de quien manda"* y en lugar de explicar la importancia del proyecto y sus posibles repercusiones, imparte órdenes a diestro y siniestro, no admite preguntas y la única información que aporta es la fecha de finalización del proyecto, dando así por terminada la reunión.

Comentario

A pesar de su fortaleza técnica, Alberto se siente inseguro y probablemente tenga un nivel de autoestima sumamente bajo. Además, y quizá por esa baja autoestima, en lugar de preparar el discurso, ha querido improvisar, empeorando así la situación, puesto que se ha quedado en blanco y lo ha solucionado con órdenes tajantes al resto del equipo.

Como consecuencia, no parece que sus técnicos vayan a estar abiertos a apoyar y prestar su colaboración aunque por supuesto, trabajarán en el proyecto.

La falta de autoestima puede ser tan relevante en nuestra vida que nos impida desarrollar actividades para las cuales estamos capacitados.

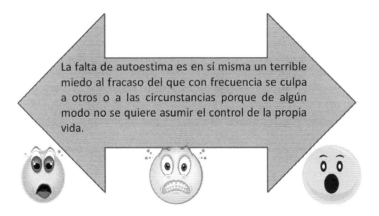

La falta de autoestima es en sí misma un terrible miedo al fracaso del que con frecuencia se culpa a otros o a las circunstancias porque de algún modo no se quiere asumir el control de la propia vida.

3.2.2. Exceso de autoestima

El exceso de autoestima o exagerada arrogancia muchas veces quiere encubrir la falta de autoestima e inseguridad. En muchas ocasiones son personas que se caracterizan por ser **egoístas, intolerantes, narcisistas,** por creerse omnipotentes y totalmente independientes de las personas que les rodean, lo que puede llevarles a practicar conductas temerarias

La clave es aumentar el valor personal ante uno mismo, no ante los demás.

3.3. AUTOCONFIANZA

Puede resumirse como fe en nosotros mismos, superando las propias dudas y asumiendo riesgos razonables. Ser asertivo y no agresivo. Orientarse a las metas u objetivos. Asumir los propios errores.

Confiar en uno mismo favorece la creatividad y hace a la persona mucho más independiente, ya que no necesita la aprobación de los demás y, tiene más facilidad para establecer relaciones interpersonales.

Las personas dotadas de esta competencia:

• Manifiestan confianza en sí mismas y tienen "presencia".

Cuando se habla de presencia no quiere decir que la persona se ajuste a determinados modelos estéticos, en realidad se trata de estar a gusto consigo misma lo que proporciona la confianza en uno mismo y esta se transmite a los demás.

• Pueden expresar puntos de vista impopulares y defender sin apoyo de nadie lo que consideran correcto.

Es imposible agradar a los demás, en ocasiones es necesario expresar ideas que posiblemente no sean "políticamente correctas", pero si creemos en ellas y consideramos necesario expresarlas en una determinada circunstancia, la persona con un alto grado de autoconfianza no dudará en hacerlo.

Es necesario aprender a decir "no" de forma asertiva[5].

---

5. El término asertividad no forma parte del diccionario de la Real Academia Española (RAE). Sí, en cambio, aparece el adjetivo asertivo como sinónimo de afirmativo. El concepto de asertividad, de todos modos, se emplea en referencia a una estrategia comunicativa que se ubica en el medio de dos conductas que resultan opuestas y que son la pasividad y la agresividad.

- Son emprendedores y capaces de asumir decisiones importantes a pesar de la incertidumbre y las presiones.

Si la persona está segura de sus prioridades y objetivos, a pesar de las críticas o prevenciones de los que le rodean, emprenderá iniciativas en las que puede que triunfe o incluso fracase, pero será debido a su propia decisión. Lo que pensamos de nosotros mismos y de nuestros objetivos es mucho más importante que la opinión de los demás. De los errores, si se afrontan de manera positiva, también se aprende.

Las personas que confían en sí mismas y en sus propias posibilidades, se consideran individuos eficaces, capaces de aceptar retos y asumir nuevas funciones profesionales.

Por el contrario, las personas que carecen de confianza en sí mismas experimentan sensaciones de impotencia e inoperancia y una abrumadora sensación de inseguridad.

Isabel (la nerviosa) se ve obligada a hablar en público

Isabel tiene un trabajo bien remunerado pero para lograr un sueño, necesita una entrada adicional. Por ello, ahora tiene una actividad adicional. Vende cosméticos a domicilio. La firma para la que trabaja, tiene un procedimiento específico que incluye el dar a conocer los productos en reuniones de entre ocho y diez personas.

Isabel ha recibido formación en cuanto a la tipología de los productos y su aplicación. De lo que no se han ocupado es de explicarle cómo debe presentarlos ni cómo debe actuar en estas reuniones de presentación.

Hasta ahora Isabel no ha tenido ninguna experiencia en cuanto a hablar en público. Se conoce a sí misma y sabe que es nerviosa y algo tímida. Pero tiene un sueño que cumplir y lo que pueda ganar con esta aventura le ayudará a conseguirlo.

¿Qué puede pasar? Mil cosas, para empezar, sabe que empezará a sudar, con lo que su estupendo maquillaje se verá deteriorado y con ello la imagen que quiere mostrar. Además, posiblemente comenzará tartamudeando debido a los nervios. Isabel piensa que no puede permitir que eso pase.

Decide ensayar frente a un espejo primero y luego con su familia. En un primer momento se queda totalmente en blanco, pero rápidamente ella misma se anima diciéndose que es capaz y de momento, al menos, sabe más sobre los productos que va a presentar que su público potencial.

Después del tercer ensayo ante el espejo se siente capacitada para ensayar con su familia. El comienzo es bueno, pero en un momento dado se atasca, todo se soluciona con una carcajada y una broma. Tras algún ensayo más, se siente preparada.

Comentario

Isabel se conoce a sí misma y conoce sus limitaciones, aún así, se esfuerza porque tiene un objetivo y la forma de lograrlo pasa por acostumbrarse a hablar en público, venciendo sus nervios y timidez.

La confianza en sí misma hace que pueda reírse de sus errores y reconducir la situación.

3.4. CONTROLAR EL ESTRÉS

Las personas emocionalmente inteligentes expresan los sentimientos que son importantes y manejan de manera positiva aquellas emociones que no pueden exteriorizar. Demuestran autocontrol a nivel equilibrado y apropiado por lo que los demás les consideran dispuestos a compartir ideas y abiertos a escuchar las de los demás.

Un componente importante del autocontrol es el manejo eficaz del estrés, hace ya mucho tiempo que se conocen sus efectos negativos. Demasiado estrés provoca, entre otros, daños para la salud, pérdida de memoria, y afecta en general a todos los aspectos de nuestra vida, pero ¿qué es realmente el estrés?

En el entorno primitivo, que es en el que se ha desarrollado el proceso evolutivo de los seres humanos, el hombre debía enfrentarse a agresiones de animales salvajes o de otros hombres. Para salvar su vida tenía que elegir entre dos opciones: enfrentarse con el adversario y pelear con él o huir. Por ello resultaba de vital importancia que dispusiera de un mecanismo que le preparase de forma rápida y efectiva para ambas opciones. Así, de forma automática, la percepción de una amenaza produce una serie de respuestas naturales encaminadas a preparar al cuerpo para la lucha o para la huida: las glándulas suprarrenales segregan adrenalina, los músculos se tensan, el pulso y la respiración se aceleran, la presión arterial se eleva, la digestión se interrumpe, etc. Y además estos procesos fisiológicos producen también una reacción psicológica: toda la atención y todo el pensamiento de la persona se centra únicamente en esa amenaza.

Pero en nuestra sociedad, lo que nos provoca esta respuesta no es el momento puntual de ataque de un animal o de un adversario: son situaciones prolongadas que se nos presentan en el trabajo, en la familia, o en las relaciones con otras personas.

El estrés es parte de nuestra vida, es el mecanismo que nuestro cuerpo utiliza para ayudar a ajustarnos a los cambios y sobrevivir. La respuesta al estrés nos puede ayudar a concentrarnos y reaccionar rápidamente.

Cómo afrontar el estrés
• **No se debe negar o tratar de ignorarlo.** Hay que admitir que se está bajo los efectos del estrés.
• **Permanecer alerta, cuando surgen señales de desaliento o desanimo,** hay que cambiar el patrón de comportamiento.
• **Identificar el origen del problema.** Averiguar qué lo está desencadenando y cómo está afectando a nuestro organismo es el primer paso para su manejo y control.
• **Ser flexible y no presentar resistencia al cambio.**
• **Establecer objetivos realistas.** Eligiendo lo que sea verdaderamente importante y abandonando el resto de las "obligaciones".
• **Pedir ayuda cuando sea necesario.** Cuando estás bajo presión, se necesita la ayuda de la gente que nos rodea.
• **Aprender a decir NO.** Es importante no crearse más obligaciones de las necesarias.
• **Ejercicio.** La actividad física regular mejora el bienestar general y ayuda a prevenir el estrés y las enfermedades que conlleva.
• **Reservar tiempo para el ocio.** Participar en actividades que divierten es una gran manera de recuperar energía.
• **Cuidar la alimentación.** El tabaco, el café y el alcohol potencian el estrés, por lo que es necesario limitar su consumo todo lo posible. La dieta tiene que ser equilibrada.
• **Aprender a respirar correctamente, es la llave maestra de la relajación.**

Finalmente, **es imposible estar relajado físicamente y tenso emocionalmente al mismo tiempo,** ya que no pueden convivir en el mismo momento la sensación de bienestar corporal y la de estrés mental. La respuesta del organismo a la relajación es un efecto de recuperación casi inmediato, y es una tregua para el cuerpo.

Enrique (el estudioso) explica su proyecto

Enrique es un valor prometedor en la empresa, pero de momento es, eso, una promesa solamente. La alta dirección confía en que en el futuro hará grandes cosas y, de momento, han decidido que lidere un proyecto. En realidad, no dudan de su capacidad técnica pero quieren ver cómo afronta el cumplimiento de plazos y sobre todo cómo procede respecto al equipo.

Enrique está muy satisfecho, el proyecto le parece apasionante y conoce al menos a tres de los miembros del equipo. Los plazos a cumplir son un tanto estrictos y sabe que su éxito dependerá en gran medida de la respuesta de su equipo.

Entiende perfectamente que debe cohesionar al equipo y sobre todo transmitirles su entusiasmo por el proyecto. Decide que es prioritario mantener una reunión pero no será de inmediato, primero debe prepararse:

- Reúne toda la documentación relativa al proyecto y hace copias de estos documentos para cada asistente a la reunión.
- Solicita a Recursos Humanos información sobre cada miembro del equipo.
- Analiza las ventajas y desventajas de estar involucrado en este proyecto.
- Prepara la exposición.
- Convoca personalmente (quiere evitar la frialdad de un correo electrónico) a los asistentes.

Enrique es muy joven y no está acostumbrado a hablar "en plan jefe", realmente no está acostumbrado a hablar en público. A lo largo de su carrera se ha centrado en sus estudios y es la primera vez que tiene personas dependiendo de él.

Las circunstancias hacen que sienta un fuerte estrés, lo ha notado y tiene que vencerlo, sabe que este es un primer paso en su carrera, un paso merecido (así lo percibe) y tiene que hacerlo bien.

Analiza sus fortalezas y debilidades:

Puntos fuertes	Puntos débiles
• Alta capacidad técnica	• No tiene experiencia dirigiendo personas
• Sabe relacionarse	
• Es organizado	• Le falta soltura para expresarse por no estar acostumbrado
• Está acostumbrado a cumplir plazos y requisitos	• Miedo al fracaso
• Sabe trabajar en equipo	

Este análisis ha hecho que el estrés desaparezca, tiene más puntos fuertes que débiles, incluso se siente optimista y decide eliminar el miedo al fracaso.

Para suplir su falta de soltura al presentar, prepara un documento en el que se explican las características del proyecto y los grandes hitos. Este documento le servirá de apoyo en la reunión.

COMENTARIO

Enrique posee un alto grado de confianza en sí mismo. Por ello considera que está capacitado para liderar el proyecto y no lo considera un regalo sino un paso más en su carrera.

Por otro lado, sabe explorar sus emociones y vencer el estrés. Además, ha elaborado una estrategia para que su presentación sea un éxito. No ha querido darle un tono excesivamente formalista y por ello y con el fin de dar un toque de cercanía ha convocado a los asistentes personalmente. Ha preparado sus notas, pero evita la presentación en PowerPoint con el objetivo de que todo resulte más cercano. Finalmente, comparte su información con todos los miembros del equipo.

Tanto en el caso de Alberto "el zombi" como en el de Enrique "el estudioso", las circunstancias son idénticas. Se trata de un proyecto dotado con cinco personas, cuyas circunstancias no conocemos en ningún caso.

Alberto carece de autoestima y confianza en sí mismo, por ello actúa a la defensiva, considera a los miembros de su equipo como competidores a priori, aunque realmente hasta ahora no se ha relacionado con ellos, presenta un comportamiento claramente agresivo. Es más que probable que sienta estrés pero no se da cuenta y por eso se pone en contacto con sus seguidores en la red social, es un entorno en el que se siente seguro. En la reunión se queda con la mente en blanco porque ha cometido el error de no prepararla. Cuando acaba la reunión no ha conseguido el objetivo. Seguramente, la situación le hará reflexionar para hacerlo mejor la próxima vez.

Enrique dispone de autoestima y una gran confianza en sí mismo y se conoce a sí mismo. Por ello, reconoce rápidamente el grado de estrés que le produce la responsabilidad y decide analizar la situación globalmente (lo que rebaja su grado de estrés) y a continuación prepara la reunión. Para ello, se informa y además escoge conscientemente el tono que quiere dar a esa primera reunión con su equipo. Es probable que en esta primera reunión no logre al cien por cien su objetivo, pero no ha fracasado y además comienza a aprender, lo que siempre es positivo.

CAPÍTULO 4.

HABILIDADES SOCIALES
(CÓMO NO ACTUAR COMO UN ZOMBI)

Los seres humanos vivimos en grupo y continuamente nos estamos relacionando con otras personas. Desde nuestra más tierna infancia convivimos y nos relacionamos con los demás.

Las habilidades sociales engloban las competencias necesarias para interactuar y relacionarse con los demás de forma efectiva y mutuamente satisfactoria. Sin duda, constituyen un elemento clave a la hora de hablar en público y si bien, no son el único aspecto a cuidar, es importante desarrollarlas.

Karl Albrecth, autor de la **"Inteligencia social: la nueva ciencia del éxito"** afirma que se trata de habilidades que se pueden desarrollar y propone un modelo que denomina SPACE, compuesto por competencias y habilidades para tener éxito en las relaciones con otros.

MODELO SPACE DE ALBRECTH

4.1. SENSIBILIDAD SOCIAL

Saber comunicar depende en gran medida de la **sensibilidad social** (la **S** en el modelo SPACE) o habilidad de entender las situaciones del entorno y evaluar la oportunidad de la comunicación así como el tono e interpretar el comportamiento del interlocutor.

Se basa en el concepto de "radar social" o habilidad para comprender las situaciones del entorno e interpretar el comportamiento de los demás dentro de las limitaciones que les impone ese entorno.

La habilidad para comprender el entorno y cómo se comportan los demás es crucial cuando se habla para un público más o menos extenso.

Albrecht resalta la importancia de entender los contextos cambiantes en que se desenvuelven las personas. Mucha gente carece de esta conciencia situacional cuando por ejemplo hace chistes que resultan fuera de lugar en un determinado contexto aunque serían totalmente aceptables en otro.

4.2. PRESENCIA O LA IMAGEN SÍ IMPORTA

La **presencia** (que corresponde a la **P** del modelo) se relaciona con el "comportamiento social", comprende las maneras sociales, la presentación personal, el lenguaje verbal, el lenguaje no verbal, el respeto a los patrones culturales, la presencia personal, las posturas, los gestos, etc. Son todas las técnicas que facilitan que una persona cause una buena impresión.

Se trata de la forma en que nos proyectamos. Tiene que ver con el carisma. ¿Cómo nos perciben a primera vista? ¿Cómo nos describimos y sentimos que nos describen?

El porte, la imagen personal óptima no se consigue con ropa cara o accesorios ostentosos, tampoco, adoptando actitudes histriónicas. Se trata de lograr una armonía tanto interna como externa. Es una forma de comunicación no verbal.

Un atuendo inadecuado puede provocar un sentimiento de exclusión en un acto profesional o social. Por el contrario, un atuendo adecuado para la ocasión aporta mayor seguridad, adaptación y aceptación socio-profesional.

4.2.1. La imagen sí importa

Excepto Mark Zuckerberg, el fundador de Facebook, el resto de la humanidad no puede presentarse en una rueda de prensa o en un evento, vestido con una camiseta (más bien vieja) y unos vaqueros (algo rotos). Él marca esta diferencia porque en realidad, nadie mira como va vestido, solamente vemos al fundador de Facebook y sus millones de dólares. Pero esta es la excepción, para el resto de los mortales, es indispensable proyectar una imagen acorde a la situación en que nos encontremos.

Para ello, hay que adaptarse a los códigos de vestimenta adecuados a la ocasión. Ir bien vestido, no significa vestirse como para una boda, ir adecuado implica conocer dónde se va a hablar, quién forma la audiencia y cuál es el contexto.

Aunque la teoría dice que la forma correcta de vestir es llevar un traje formal, tanto si eres mujer como si eres hombre, no siempre es así, depende en gran medida, como se ha dicho, del contexto y del tipo de audiencia.

Realmente no hay una regla fija, porque ¿cuál es el atuendo formal para hablar a un colectivo del sector de la publicidad? Posiblemente un traje y corbata resultarán fuera de lugar, lo mismo que una señora con un traje de chaqueta y un fular de seda. Igualmente sería inadecuado presentarse con un visón para impartir un curso de formación para el empleo.

La imagen personal no lo es todo pero tiene una gran influencia en la opinión pública. Por ello, hay que tratar que la imagen constituya un "a favor" a la hora de hablar en público.

Estar cómodo y a gusto con la propia imagen incrementa la autoconfianza y permite luchar contra la inseguridad.

Lo que sí constituye una regla de oro es todo lo relacionado con la higiene personal.

Cuestiones a tener en cuenta:

- Color del atuendo. Aunque los colores oscuros (negro, azul marino, gris antracita) se consideran "colores de poder", es posible que no resulten favorecedores para algunas personas. Una mala elección de los tonos, pueden hacernos casi invisibles.
- Pulcritud en el atuendo (ropa limpia y planchada).
- Ropa adecuada para el clima (la ropa de fibra tiende a hace sudar incluso en el más crudo invierno).
- Buen corte de pelo.

4.3. SER AUTÉNTICO

La **autenticidad** (**A** en el modelo) es un elemento fundamental en las relaciones humanas, es capaz de generar confianza en nuestras relaciones con otras personas. La autenticidad se relaciona con la transparencia, algo que los radares sociales de los demás son capaces de captar sobre nuestro comportamiento.

Revela la honestidad de una persona consigo misma y con el resto de las personas. Si una persona se respeta a sí misma, tiene fe en sus valores y creencias personales será apreciado como auténtica.

El doctor Mario Alonso Puig[1] afirma que *"El lugar del cuerpo humano donde hay más receptores de emociones es la cara".*

Si estás enfadado y sonríes, la sonrisa tiene la capacidad de "engañar" al cerebro porque por un lado siente enfado y por otro está sintiendo o creyendo que siente alegría. Es posible que logremos engañar a nuestro cerebro, creándole confusión, pero no lograremos engañar a nuestros interlocutores.

4.4. SER CLARO Y CONCRETO

La **claridad** (que corresponde a la **C** del modelo) o habilidad de "transmitir ideas", de expresarlas, ilustrarlas, transmitir información cualitativa y cuantitativa que sea capaz de crear las condiciones para que exista cooperación y participación con los demás. Es la capacidad de comunicarse

---

1. Mario Alonso Puig es médico especialista en Cirugía General y del Aparato Digestivo, fellow en Cirugía por la Facultad de Medicina de la Universidad de Harvard, en Boston, y miembro de la Academia de Ciencias de Nueva York y de la Asociación Americana para el Avance de la Ciencia. Ha dedicado gran parte de su vida a explorar el impacto que tienen los procesos mentales en el despliegue de nuestros talentos y en los niveles de salud, de energía y de bienestar que experimentamos.

clara y transparentemente, contribuye al desarrollo de la inteligencia, individual y colectiva.

El lenguaje debe ser fluido y sencillo, evitando las palabras rebuscadas y rodeos innecesarios. Sin embargo, si la dicción es incorrecta o el tono resulta monótono o si el discurso resulta demasiado lento o por el contrario, es vertiginoso, distará de ser comprensible. Una forma de hablar muy rápida, unida a una mala dicción y un tono demasiado bajo, denota inseguridad en uno mismo y produce, por tanto, falta de credibilidad.

Finalmente, la habilidad social más importante es quizá la **empatía** (**E** del modelo) o *"conciencia de los sentimientos, necesidades y preocupaciones ajenas"*[2]. En realidad esta definición nos lleva a considerar la empatía como la preocupación por los demás, poniéndonos en su lugar. El sentimiento de empatía crea el entorno ideal para la relación.

La empatía es algo así como el radar social. No es raro que se crea comprender al otro en base a lo que se nota de forma superficial. Sin embargo, como ya se ha expuesto en el capítulo 2, las relaciones se basan no sólo en los contenidos que se expresan oralmente, sino que existen muchísimos otros mecanismos llenos de significados, que siempre están ahí y a los que no siempre se presta atención.

De hecho, no se puede leer el pensamiento del otro, pero sí existen muchas sutiles señales, a veces "invisibles" en apariencia.

Empatía es tratar de "ponerse en los zapatos de la otra persona".

2. **GOLEMAN, D., LA PRÁCTICA DE LA INTELIGENCIA EMOCIONAL, Kairos, 1999. Página 191.** *"La esencia de la empatía consiste en darse cuenta de lo que sienten los demás sin necesidad de que lleguen a decírnoslo. Porque aunque pocas veces nos expresen verbalmente lo que sienten, a pesar de todo están manifestándolo continuamente con su tono de voz, su expresión facial y otros canales de expresión no verbal".*

Ser empático no implica decir a todo que sí, ni dar la razón a todo el mundo simplemente por no herir sus sentimientos.

Proceder con empatía no significa estar de acuerdo con el otro. No implica dejar de lado las propias convicciones y asumir las ajenas como propias. Es más, se puede estar en completo desacuerdo con alguien, sin por ello dejar de ser empáticos y respetar su posición, aceptando como legítimas sus propias motivaciones. Esto está muy relacionado con el comportamiento asertivo.

MARTA (LA PERFECCIONISTA) SE REUNE CON SU JEFE

Tal como estaba previsto, Marta solicita formalmente una reunión con su jefe. Previamente, ha estado planificando la reunión. Su objetivo es desde luego conseguir un ascenso en la empresa. Para empezar, se plantea las cuestiones siguientes para comentar:

- Ha demostrado su buen hacer y capacidad de trabajo durante los últimos cinco años.
- Está satisfecha, pero considera que ha superado esta etapa y cree que puede hacer y aprender más desde un puesto de mayor responsabilidad.
- Le gusta trabajar en la empresa y la siente como propia, pero tiene que pensar en su carrera profesional.

Considera que a buen entendedor pocas palabras bastan y, por tanto, no quiere poner de manifiesto que si la oportunidad no se presenta en la empresa, comenzará a buscar en el sector.

También se plantea que en realidad su jefe está encantado con su trabajo y no quiere perderla. Marta no quiere desbancar a su jefe, comprende la situación, pero necesita desarrollar su carrera. No quiere molestar a su jefe pero cree necesario que conozca su opinión.

Comentario

Marta se ha preparado para la reunión, considerando no sólo la situación sino las emociones (suyas y del jefe) por lo que cabe suponer que actuará muy correctamente. Su postura es muy empática pero no está dispuesta a ceder terreno en lo que respecta a su carrera profesional.

4.4.1. Asertividad

Muchos consideran que asertividad y habilidades sociales son términos sinónimos. Sin embargo, si se contempla la asertividad como la competencia que reúne las conductas y pensamientos que permiten defender los derechos de cada uno sin agredir ni ser agredido, podría afirmarse que es una competencia que complementa el resto de dichas habilidades y especialmente a la empatía.

La asertividad puede definirse como una habilidad personal que permite a la persona expresar sus sentimientos, pensamientos, opiniones y deseos de una forma adecuada, defendiéndolos, pero sin negar ni violar los de los demás, es decir, sin necesidad de ser agresivo ni tampoco pasivo.

Las características básicas de las personas asertivas se resumen a continuación:

• Libertad de expresión
• Comunicación directa, adecuada, abierta y franca
• Facilidad de comunicación con toda clase de personas
• Su comportamiento es respetable y acepta sus limitaciones

En el marco de la asertividad se contempla el derecho a:

• Ser escuchado
• Cambiar de opinión
• Poder elegir
• Cometer errores
• Pedir lo que se desea
• Decir no sin sentirse culpable

La asertividad es una habilidad que se puede desarrollar, para ello es necesario desterrar comportamientos de tipo agresivo o pasivo. En el gráfico siguiente se muestran las diferencias.

Comportamiento asertivo	Comportamiento pasivo	Comportamiento agresivo
Expresa deseos, ideas y sentimientos de manera directa y apropiada.	No expresa deseos, ideas y sentimientos o los expresa de manera auto-despreciativa con el objetivo de agradar o complacer a los demás	Expresa deseos, ideas y sentimientos a expensas de los demás con el objetivo de dominar o vulnerar los derechos ajenos.
Seguridad, confianza en sí mismo.	Inquietud, decepción consigo mismo. A veces enfado y resentimiento.	Sentimiento de superioridad moral.
Consigue lo que pretende.	No consigue lo que pretende. Ira. .	Consigue lo que pretende a costa de los demás.

Alberto (el zombi) no reconoce las señales

Alberto está asombrado, el equipo no responde en general, la actitud de todos es pasiva. No entiende la actitud, él les da las órdenes y espera que las ejecuten, pero eso no sucede. Lo único que se le ocurre es que esta gente lo quiere hundir pero eso no va a pasar. Podría hablar con su jefe, pero como es algo anticuado, probablemente no le resolverá nada. Prefiere comentarlo en –Twitter para ver qué comentarios recibe. Ciento cuarenta caracteres bastan y sobran para comentar la cuestión.

Mientras tanto, los miembros del equipo se ven inclinados a pasar de la actitud pasiva a la agresiva. Todos están inquietos porque consideran que el jefe del proyecto no sabe dirigir y esto los perjudicará profesionalmente. No han mantenido ninguna reunión desde la toma de contacto y podría decirse que en este caso "la mano derecha desconoce lo que hace la izquierda", ya que no están trabajando en equipo sino que cada uno ejecuta las órdenes que recibe de Alberto y así ni cumplirán los plazos, ni saben si se ajustan a los requisitos del proyecto.

Comienza a haber un sentimiento —no hablado— por parte de dos miembros del equipo de que es necesario acudir al jefe de su jefe para intentar el cambio de actitud del jefe del proyecto.

Comentario

Como puede observarse, Alberto mantiene un comportamiento agresivo y como su grado de empatía es realmente bajo, no entiende ni las emociones ni el estado de ánimo de su equipo.

Mientras, su equipo en lugar de hablar claramente con él, muestra un comportamiento pasivo con tendencia a convertirse en pasivo-agresivo.

"Consejo para todo aquel que desee comunicar algo: Exprésele brevemente para que lo lean, claramente para que lo entiendan, en forma pintoresca para que lo recuerden y, sobre todo, verazmente, para que se guíen por esa luz".

Joseph Pulitzer

Comunicar con eficacia no es fácil pero se logra básicamente:

- Entendiendo las bases de la comunicación
- Preparando la alocución
  Cualquier improvisación debe estar muy pero muy preparada.
- Introduciendo acciones de mejora a medida que se practica.
  Hay que ser autocrítico y ver los fallos para corregirlos.

Se ha considerado que los comunicadores eficaces son aquellas personas que a través de sus actuaciones o palabras, atraen a la gente como un imán. Hay que resaltar que, salvo contadas excepciones, esta situación ideal no se consigue la primera vez sino que es fruto de la práctica, el deseo de mejorar y, como no, influye el contexto y el estado de ánimo del orador.

Se calcula que en torno a un 75% de la población teme hablar en público, lo que lo convierte en el temor social más extendido[3] y sin embargo, si se domina "el arte" mediante el ensayo, la práctica y la preparación, puede convertirse en una actividad gratificante que nos permite transmitir nuestras ideas, proyectos, conocimientos, etc.

Suele decirse que el periodo más crítico cuando se conocen dos o más personas o nos presentamos ante un público son los cinco primeros minutos. Lo que se percibe en ese breve lapso de tiempo tiende a persistir. Si esa primera impresión es positiva, hay mucho terreno ganado; si es negativa, para reconducir la situación, se necesitará tiempo y esfuerzo.

Por otro lado, si bien la primera impresión es capital para el establecimiento de relaciones fructíferas, la "última" es también relevante. La forma en la que se cierra una locución pública es sumamente importante. De ese momento, de una actitud positiva y afable, depende que en un futuro nuestra audiencia desee escucharnos de nuevo.

---

3. Furmark, Tilfors y Everz, 1999

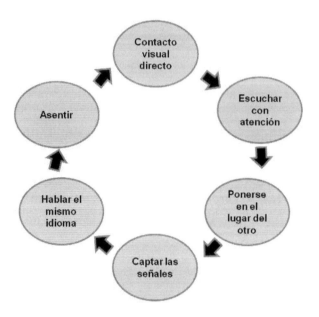

ACTITUDES QUE FAVORECEN LA COMUNICACION

Para que el mensaje que se quiere transmitir sea **eficaz**, este **debe cumplir una serie de requisitos imprescindibles:**

- **Claridad:** los mensajes deben ser **claros** e **inequívocos.**
- **Precisión:** la información transmitida en el mensaje debe ser **precisa y completa.** No es bueno extenderse en exceso pero es necesario no dejar lo que podría denominarse "cabos sueltos", excepto cuando expresamente se quieren provocar preguntas sobre un aspecto en particular.
- **Objetividad:** la información transmitida por el orador debe ser **veraz, auténtica,** lo más imparcial posible, es decir, **objetiva.**
- **Oportunidad:** el mensaje debe transmitirse en el **momento preciso,** es decir, aquel en el que surge el efecto adecuado para el fin que se desea conseguir. Aquí de nuevo hay que tener presente la sensibilidad social.

- **Interés:** el mensaje debe de ser **atractivo** para el auditorio (dos personas o mil) consiguiendo de esta manera una mayor motivación y atención.

Como punto de partida conviene analizar las competencias que debe reunir un comunicador eficaz.

4.4.2. Competencias del comunicador eficaz

El comunicador eficaz es una **persona que tiene credibilidad y sabe escuchar,** no solo a lo que sus interlocutores dicen sino que, sobre todo, escucha y entiende lo que no le dicen.

> **La actitud de escucha y atención siempre favorece la comunicación, hace que nuestros interlocutores reciban la señal de que sentimos interés por ellos y por su opinión.**

El buen orador tiene la credibilidad de su público, sabe canalizar su energía nerviosa de una manera positiva y sabe escuchar. Conoce a su público, sabe los temas que puede tratar con determinado público y cómo enfocarlos. Su comportamiento no verbal es apropiado y sabe leer el comportamiento no verbal de su público. El buen orador tiene conocimiento básico del proceso de la comunicación, que le permite ganar credibilidad con cada mensaje que presenta.

Las emociones son contagiosas y las personas que tienen fe en una idea pueden influir en los demás de tal manera que acabarán haciéndola suya.

Generalmente, los demás dan las pistas que indican lo que se debe decir para conectar con ellos. Si se escucha y observa con atención, se puede obtener información valiosa que ayudará a reducir las distancias que puedan existir.

Con respecto al lenguaje, nunca se insistirá lo suficiente en que debe ser claro y concreto. Cuidar en la medida de lo posible el uso de muletillas[4], que si bien pueden ser un recurso, (ya que pueden servir para mantener el interés, buscar la complicidad o la comprensión con el interlocutor; aclarar, subrayar o matizar algo, etc.), si se utilizan en exceso denotan torpeza y pobreza lingüística.

En lo que se refiere al lenguaje no verbal y la proxémica[5] hay que contemplar como punto de partida, al menos dos posibilidades de intervención. En el caso de una única persona, caso típico de un curso o cualquier otra acción formativa, la libertad es muy amplia. Normalmente se prevé un lugar en el que puede permanecer sentado aunque si el orador lo desea, puede estar de pie o incluso deambular por la sala. Esta es una magnífica opción puesto que ofrece la posibilidad de interactuar con los asistentes en general y no solo con los de las primeras filas.

Muchos ponentes tienen un gran escenario a su disposición, pero en cuanto comienzan a hablar quedan como clavados en el sitio y no se mueven de ahí. Si hay posibilidad, hay que aprovechar el espacio y utilizarlo como recurso para resaltar las ideas. Resulta muy eficaz moverse lentamente por el estrado (y mejor aún por la sala).

Si se menciona la idea principal o algo que se quiere que el público no olvide, detenerse en seco y decirlo mientras se mueven las manos lentamente, suele dar resultado.

Otra posibilidad, es una mesa de presidencia donde pueden estar dos o más personas que permanecen sentadas. Existe una menor cercanía y una mayor dificultad para interactuar. El lenguaje no verbal se centra en

---

4. El DRAE las define como la 'voz o frase que se repite mucho por hábito'.
5. Proxémica es el término empleado por el antropólogo Edward T. Hall en 1963 para describir las distancias medibles entre las personas mientras éstas interactúan entre sí. El término proxemia se refiere al empleo y a la percepción que el ser humano hace de su espacio físico, de su intimidad personal; de cómo y con quién lo utiliza.

la expresión de la cara, la mirada, la sonrisa y las manos, en principio. Esto es obvio, pero la gente olvida que también está comunicando con la postura, el encoger o no los hombros, etc.

> **La utilización del espacio físico es importante. La persona que parece que por no molestar ni siquiera quiere ocupar su propio espacio, transmite la sensación de que está aterrorizada y no produce ninguna confianza y, por tanto, carece de influencia. Si además, se centra en sus papeles y no mira a la audiencia, lo único que transmite es miedo o en el peor de los casos, desprecio por su audiencia.**

Por otra parte, hay que tener en cuenta el lenguaje paraverbal, el manejo de la voz según la situación (tono, timbre, volumen, entonación).

Por ejemplo, si se quiere transmitir firmeza, sube el volumen de la voz y desde luego, no se pueden comunicar malas noticias, sonriendo y con una voz alegre. Llama poderosamente la atención alguna presentadora de noticias en televisión, que informa sobre una catástrofe con la misma voz y entonación con que comunica una bajada de impuestos.

Se considera también, como lenguaje paraverbal, las pausas, los carraspeos, etc., que pueden ser un magnífico recurso de los oradores avezados.

Hay que aprender a administrar los silencios y las pausas, son muy útiles para subrayar y enfatizar. Conviene que los asistentes tengan el tiempo necesario para estudiar los datos de un gráfico o aquella aseveración que el orador considere de gran importancia.

Los grandes oradores como Steve Jobs[6], saben que el silencio es una de las técnicas más eficaces. En su famoso discurso, durante el primer minuto, hizo nueve pausas. Esto significa que introdujo una pausa cada seis segundos y sin embargo, no se puede decir que el discurso fuera lento, en realidad, sus pausas daban tiempo a la audiencia para saborear el mensaje.

Las pausas son útiles para:

• Añadir un efecto dramático y desarrollar una conexión con el público presente. Es el momento de establecer el contacto visual con una persona situada al lado izquierdo y luego realizar la misma acción en el lado derecho para a continuación enfocarse en el centro.
  El ser humano está programado para prestar más atención cuando se produce un instante de silencio.
• Permite a la audiencia procesar lo que el orador expone.
• Facilita la introducción de una nota de humor.
• Proporciona la posibilidad de realizar la transición entre las diferentes fases del discurso.

Adicionalmente, una pausa sustituye a ese tipo de frases hechas o muletillas ("como iba diciendo", "para continuar") o carraspeos que el orador inexperto tiende a utilizar más allá de lo necesario.

Por otro lado, el uso del tono y volumen de la voz constituye quizá la mejor herramienta del orador.

Hay que practicar en el uso de diferentes tonos de voz que se muestran en el gráfico que aparece a continuación.

---

6. Sin duda uno de los discursos más famosos de la historia es el de Steve Jobs en la Universidad de Stanford en el año 2005.

TONO

	AUTORITARIO	APASIONADO
ALTO	AUTORITARIO	APASIONADO
BAJO	TRANQUILIZADOR	INTRIGANTE

VOLUMEN

Los expertos aconsejan utilizar sobre todo, el **tono apasionado** y un volumen alto, pasando al **tono tranquilizador** y disminuyendo, por tanto, el volumen, durante las transiciones del discurso. El cuadrante destinado a la tranquilidad es la zona que el subconsciente asocia con la construcción de la confianza.

Muy pocos oradores se atreven a utilizar el cuadrante de la intriga, pero es sumamente útil para aquellos puntos del discurso en los que se quiere añadir un cierto grado de ansiedad o expectativa.

Dado que los seres humanos estamos condicionados para detectar los cambios, la clave para mantener el interés del público es utilizar los contrastes, no solo en una fase del discurso o en una frase, sino también es aplicable a una única palabra. Los oradores "con gancho" suelen hacer uso de adjetivos y adverbios muy descriptivos a los que añaden el tono apasionado dentro de una frase enunciada en tono tranquilizador. Es un modo de contagiar el entusiasmo.

Enrique (el estudioso) se reúne con su equipo

Enrique quiere revisar el avance del proyecto. Aunque todo el equipo mantiene una continua comunicación, incluso ha creado un grupo en Skype en el que participan de forma muy activa todos los miembros del equipo, comentando las incidencias o problemas que surgen; Enrique cree que es necesario que al menos durante una hora, todos se reúnan y revisen el avance del trabajo.

La claridad y transparencia es indispensable en este caso, piensa Enrique, no cree en falsas expectativas o en un optimismo sin fundamento. El proyecto requiere trabajo y esfuerzo y así lo quiere transmitir. Tampoco pretende desmotivar a un equipo que por ahora muestra entusiasmo y compromiso. Es por ello que quiere encontrar el equilibrio necesario que le permita, de un lado, reconocer el trabajo bien hecho y por otro, hacer que el equipo sea consciente de que es necesario seguir en esa dirección sin desviaciones innecesarias.

Está un poco nervioso porque a medida que avanza el proyecto, tiene la percepción de que su equipo ya ve en él al líder y no quiere defraudarlos.

Como él es muy metódico, comienza escribiendo las ideas que quiere exponer, recopila los datos relativos al avance del trabajo y los datos correspondientes a la planificación previa para ver si ha habido desviaciones en cuanto a los tiempos. Decide preparar una pequeña presentación en PowerPoint porque quiere tener un apoyo gráfico, aunque no pretende agobiar con demasiados datos.

Comentario

El método es importante a la hora de hablar en público. La preparación es imprescindible pero no lo son menos, la actitud y el lenguaje paraverbal. Enrique se siente nervioso, curiosamente quizá más nervioso que la primera vez que reunió al equipo. Es una situación habitual, quiere hacerlo cada vez mejor, no por petulancia sino por responsabilidad.

Ha reconocido el contexto porque está dotado de sensibilidad social y además sigue la máxima de ser claro, concreto y riguroso.

Posiblemente vencerá los nervios porque:

1. Conoce bien su mensaje de adentro hacia afuera.
2. Esta preparado. Si haces bien tus "deberes" no hay nada que temer.

Las habilidades sociales son, como no podría ser de otra manera, una de las mejores herramientas del orador y muchas veces nos centramos más en lo que queremos decir que en cómo lo debemos decir.

CAPÍTULO 5.

QUÉ HAY QUE SABER CUANDO SE VA A HABLAR EN PÚBLICO Y CASI NADIE SE ATREVE A PREGUNTAR

Salvo contadas excepciones, cuando una persona va a hablar en público, siempre existe una propuesta para ello y un periodo previo en el que tendrá tiempo para conocer los detalles y preparar su participación.

Partiendo de la situación más cotidiana, por ejemplo, una reunión, en la que los convocados conocen muchos aspectos relativos al resto de los asistentes, el lugar físico, la fecha y hora y demás detalles, hasta un evento en el que el público puede ser masivo, heterogéneo y seguramente el entorno menos conocido o desconocido por completo; es necesario plantearse cuestiones tales como a quién va dirigido el discurso, dónde se producirá, quién nos va a presentar, cuándo tendrá lugar, por qué y para qué.

Por supuesto, entre una situación, aparentemente cómoda, otra, menos cómoda como puede ser la entrevista laboral y el caso del evento multitudinario, existen otras muchas que además introducen numerosas variables.

Por considerarlos como más significativos, se analizan en este capítulo los **actos públicos** —aquellos que tienen lugar ante un número indeterminado de personas, independientemente de quien los organiza— y los **actos privados** a los que asiste un número más o menos amplio de personas generalmente conocidas por el organizador, el orador y el resto de asistentes.

- **Actos oficiales**

  Son los actos que organizan las instituciones públicas, ya sean pertenecientes a la Corona, Gobierno o Administración del Estado, Comunidades Autónomas o Corporaciones Locales. Se rigen estrictamente por el protocolo oficial.

  En el caso de hablar en público en un evento oficial, es imprescindible conocer cuestiones como quién preside el acto, autoridades que asisten y desde luego, asesorarse sobre el protocolo. La gran ventaja es que siempre hay un responsable de protocolo y comunicación que guiará al orador en todas estas cuestiones.

- **Actos públicos**

Un acto público es aquel que independientemente de quien lo organice está destinado al público en general, ya que su objetivo es transmitir algo (noticias, proyectos, lanzamiento de un producto o servicio, etc.) a la sociedad. A su vez los actos públicos pueden ser:

— Actos públicos abiertos: Cuando la participación en ellos es ilimitada.
— Actos públicos cerrados: Para participar en ellos se requiere de una invitación o entrada.

En ambos casos, no es posible conocer perfectamente la audiencia, aunque el carácter del acto indicará el tipo de asistentes y por supuesto se sabe dónde va a tener lugar.

- **Actos privados**

Un acto privado es aquel que se organiza para un determinado colectivo. Pueden ser:

— **Actos privados corporativos:** Tienen objetivos vinculados a la propia actividad, entre los más significativos cabe citar los que están orientados potencialmente al marketing de sus productos o servicios (lanzamiento de productos, presentación de nuevos servicios o nuevas políticas comerciales). Otros tienen como objetivo la formación o el intercambio de conocimientos (simposios, congresos, etc.).
Tanto las grandes corporaciones, como las asociaciones profesionales, los centros docentes, las fundaciones y un largo etcétera celebran eventos de mayor o menor importancia.
Es una situación típica en la empresa y para los profesionales. Para el orador tiene ventajas (conocimiento de la audiencia y del

entorno) y desventajas (peso de la responsabilidad, sentimiento de estar en una situación de riesgo si no se hace bien, etc.)

— **Actos privados familiares:** Los que tienen lugar en el ámbito privado. Los organizadores actúan con total libertad. En España no son habituales los discursos durante los acontecimientos familiares (bodas, funerales, etc.) aunque a causa de la influencia anglosajona comienzan a producirse.

Por supuesto, en este caso, se conoce perfectamente la audiencia, el orador se siente en un entorno conocido por lo que puede que se sienta absolutamente relajado, sin embargo, no olvidemos que las críticas más ácidas pueden venir precisamente del entorno familiar.

Además, por sus características se examinan a continuación los tipos de actos o eventos empresariales más habituales al día de hoy.

• **Tipos de actos**

Los actos o eventos pueden clasificarse como institucionales, sociales o profesionales, englobados todos bajo la denominación de actos corporativos.

Según sus características, se clasifican como:

— Los **actos institucionales** tienen un carácter muy formal y representativo, algunos tienen como objetivo cumplir la normativa vigente, como es el caso de la junta de accionistas. La gran ventaja es que en este tipo de actos, las personas que intervienen, siempre tienen el apoyo del área de relaciones institucionales o protocolo de la entidad.

— Los **eventos promocionales** tienen objetivos vinculados a la propia actividad, entre los más significativos cabe citar los que están orientados potencialmente al marketing de sus productos o servicios (lanzamiento de productos, presentación de nuevos servicios o nuevas políticas comerciales).

— Otros tienen como objetivo la **formación** o el intercambio de conocimientos (cursos, simposios, congresos, etc.).

— Los de **carácter social** tienen como objetivo el acercamiento de las corporaciones a la masa social, entendiéndose esta como los propios empleados de la empresa, sus clientes, prospectos y proveedores, los medios de comunicación y aquellos sectores de la sociedad a los que por determinadas razones quiere darse a conocer.

ACTOS CORPORATIVOS

Entre los actos sociales más significativos, cabe citar **los de carácter deportivo** (trofeos, campeonatos, etc.) o **cultural** (premios literarios, exposiciones de sus fondos patrimoniales, etc.), **filantrópicos**[1] y **lúdicos.**

También reúnen esta característica de evento social las inauguraciones de sus sedes (que siempre incluyen al menos un discurso), los cócteles y bufes, almuerzos o desayunos de negocios y las ruedas de prensa.

---

1. Infinidad de eventos (un torneo de golf, una marcha atlética de los empleados, una cena de gala, un lanzamiento de producto...) permiten ser asociados con la entidad no lucrativa o actividad solidaria que se desee y puede dar lugar a recaudar fondos para ellos, vendiendo entradas para participar en el evento, subastando producto o arte, etc.

Como no puede ser de otra manera, en todos estos tipos de acto se pronuncian discursos, no solo por parte de quien preside el acto sino en ocasiones se pide que hablen los invitados de honor, los patrocinados y en el caso de los actos formativos, a los ponentes.

5.1. A QUIÉN (LA AUDIENCIA)

Siempre que alguien se propone hablar en público, antes que nada piensa en qué va a decir y, muchas veces no tiene en cuenta el público al que irá dirigido, si se trata de un grupo reducido (y conocido) o de una audiencia considerablemente mayor.

CLASIFICACION DE LA AUDIENCIA POR SU TAMAÑO	
REDUCIDA	5-20 personas
MEDIA	20-100 personas
GRANDE	100-500 personas
MUY GRANDE	500-1000 personas
MULTITUDINARIA	Mas de 1000 personas

Además, resulta muy útil que el orador se pregunte por qué un número de personas se reúne para escucharle y en qué contexto. ¿Se trata de un acto social, una jornada formativa, un evento empresarial, una reunión? ¿Se trata de un evento abierto al público en general o está dirigido a un colectivo específico al que se invitará expresamente?

Salvo en el caso del acto abierto, en el resto se debe hacer un análisis de la audiencia:

ANÁLISIS DE LA AUDIENCIA POR SU COMPOSICIÓN		
EDAD	Menor de 20	20-45	Más de 45
SEXO	Hombres	Mujeres	Grupo mixto
EDUCACIÓN	Superior	Media	Baja
ESTATUS SOCIAL	Alto	Medio	Bajo

Evidentemente, se presenta en la tabla anterior un análisis algo simplista al que se le pueden añadir tantas variables como el interesado considere necesarias, aunque quizá una de las cuestiones más importantes a plantearse es el grado de conocimiento de la materia a tratar por parte de la audiencia.

Es necesario adaptar el mensaje a la audiencia, no es lo mismo dirigirse a un grupo de empresarios, al equipo técnico de la empresa, a un público heterogéneo o a un grupo de escolares. No quiere decir que a cada uno de estos grupos se les transmita una idea distinta, sino que el discurso tiene que adaptarse al contexto. Por supuesto, de todos los casos enumerados anteriormente, el más difícil es cuando se trata de dirigirse a un público heterogéneo.

Una sonrisa inspira confianza y ofrece un aspecto más atractivo, siempre que se haga con espontaneidad.

Volviendo al modelo SPACE de Karl Albrecth, enunciado en el capítulo anterior, con respecto a la audiencia, depende en gran medida de la **sensibilidad social** (la **S** en el modelo SPACE) o habilidad de entender las situaciones del entorno y evaluar la oportunidad de la comunicación, así como el tono, e interpretar el comportamiento del público.

Enrique (el estudioso) presenta el proyecto a los accionistas de la empresa

El director general de la empresa quiere que Enrique presente el proyecto al núcleo duro de los accionistas. No se trata de un proyecto de gran envergadura pero podría decirse que es el piloto de muchos proyectos en el futuro.

Enrique recopila toda la información técnica y decide preparar una presentación en el que se exponga esta información. Como quiera que sus habilidades con el PowerPoint son escasas, acude a una de las secretarias de la compañía para que le eche una mano con la presentación. Ella se pone manos a la obra y realmente hace una magnífica labor.

El problema surge cuando la secretaria le entrega la presentación a Enrique, ya que le comenta que ha hecho lo que ha podido pero como el lenguaje es tan técnico, prácticamente no se ha enterado de cómo es el proyecto.

Este comentario provoca terror en Enrique porque se da cuenta de que realmente no ha tenido en cuenta que posiblemente los accionistas no tengan una formación técnica, o interés en los aspectos demasiado técnicos; tiene que reconducir su discurso. El problema es que ya no tiene demasiado tiempo, lo gastó recopilando la información técnica.

Ahora Enrique se plantea las cuestiones verdaderamente importantes: ¿Qué les interesa a los accionistas del proyecto? ¿Qué le interesa a la dirección general que transmita? ¿Qué quiere transmitir él acerca del proyecto?

La primera pregunta tiene una fácil respuesta, a los accionistas les interesan los beneficios y el posicionamiento técnico de la empresa. Por ello, en primer lugar se reúne con el área financiera de la compañía que le proporciona los datos sobre el margen de beneficio previsto para este proyecto y la extrapolación de los beneficios de los futuros proyectos. Estos datos unidos a la exposición del carácter innovador del proyecto, serán de interés para el accionista.

Necesita respuestas a su segunda pregunta. Aunque el director general está muy ocupado, consigue reunirse con él y, aunque no lo dice claramente, parece que quiere dar una imagen de apoyo incondicional al proyecto y al equipo, le pide que muestre los ratios de productividad, en el caso de que sean positivos.

Y, finalmente, ¿cuál es su propio interés? Sin duda es una oportunidad para él presentar el proyecto. Sin duda, si lo hace bien, no habrá más que beneficios y en el peor de los casos, seguirá como hasta ahora. El problema radica en si lo hace mal.

Comentario

Enrique ha sabido reflexionar a tiempo, presentará el proyecto, exponiendo su carácter innovador y dejando de lado el proceso, evitando utilizar un lenguaje excesivamente técnico y presentará claramente las cifras previstas. Ha adaptado el mensaje a la audiencia. Quizá su único problema sea el temor a no hacerlo bien.

En el caso anterior, el orador tiene la audiencia asegurada, pero no es así en todos los casos. El temor a la falta de quórum se añade al pánico escénico —que se tratará en el capítulo 8— añadiendo mayor estrés a la persona que hablará en público.

La entidad organizadora del acto procurará llegar a cuantas más personas mejor y en ello hay que confiar. Sin embargo, habitualmente, es el ponente (discurso, ponencia, mensaje de bienvenida, etc.) y es esta la oportunidad para hacerlo atractivo. No es lo mismo invitar a una conferencia con un título farragoso o disuasorio para algunos, que hacer una propuesta con un título prometedor.

No tiene el mismo impacto, salvo para los iniciados, una conferencia que tenga por título:

EL MÉTODO GOLDRATT Y SU APLICACIÓN EN LA GESTIÓN

Entre otras cosas, porque a pesar de que el método en cuestión sea muy interesante, no es de dominio público, sin embargo puede ser más específico y atrayente:

LOS CONFLICTOS Y SU RESOLUCIÓN EN LA VIDA PROFESIONAL

El ponente hablará de la aplicación de un método en particular para la resolución de conflictos, sin embargo en la primera opción, ni siquiera menciona el término "conflicto", tampoco se indica en qué tipo de gestión podría aplicarse. La segunda opción resulta más clarificadora y atraerá a un mayor número de personas.

"Todo debe simplificarse lo máximo posible, pero no más".

Albert Einstein

Adicionalmente, no está por demás que el ponente anuncie su participación a las personas de su entorno que considere que pueden estar interesadas y/o sean relevantes, si se trata de un evento público y en el caso de que se requiera invitación expresa, siempre cabe la posibilidad de pedir al organizador que incluya a estas personas.

Por otro lado, y en caso de un fuerte horror vacui o temor al espacio vacío, suelen ser muy útiles las redes sociales puesto que permiten anunciar el evento, lo que con toda probabilidad, incrementará la participación.

5.2. DÓNDE HABLAR EN PÚBLICO

La situación ideal sería poder elegir el lugar, pero esa circunstancia raramente se produce, salvo en el caso de las reuniones profesionales. Lo habitual es que al recibir la propuesta para intervenir en un acto o impartir un curso, sea la entidad o persona que organiza el acto, quien proporcione el lugar.

En el caso de que se trate de un lugar desconocido conviene visitarlo lo antes posible y es muy importante tener presentes.

5.2.1. La sala

La instalación de una sala de conferencias puede afectar en gran medida a cómo las personas experimentan una reunión, como los que estando sentados en la parte posterior pueden oír o ver todo lo que está pasando en la parte delantera de la sala.

Conviene saber si el lugar es de fácil acceso, si tiene facilidades para discapacitados y posibilidad de parking, así como todo lo relacionado con el transporte público.

La capacidad es algo a tener muy en cuenta, si se tiene la certeza de que acudirán ciento cincuenta personas, un gran auditorio con capacidad para más de mil no es ni recomendable ni positivo. Producirá en el orador el horror vacui y en el auditorio la sensación de que no puede ser tan bueno si hay tanto sitio vacio.

Hay que ver si tiene luz natural y con qué tipo de iluminación cuenta. Igualmente es necesario verificar la acústica, aunque disponga de equipo de audio.

5.2.1.1. Distintos tipos de configuración

También la configuración tiene gran importancia. Sin ánimo de describir de forma exhaustiva todos los posibles tipos de configuración, se relacionan a continuación los más habituales:

MODALIDAD	CONFIGURACIÓN	VENTAJAS
Teatro	Las sillas están en filas mirando hacia el área del escenario, sin mesas.	Perfecto para presentaciones cortas, seminarios, discursos, y preguntas y respuestas que requieren que el asistente se centre en mirar y escuchar. Se ajusta mejor a presentaciones que requieren tecnología audiovisual más elaborada sin necesidad de tomar notas o utilizar portátil. Muy adecuado para educación/formación, discursos/presentaciones, dinámica de grupos, presentaciones ejecutivas, seminarios, talleres de trabajo.
Escuela	Los asistentes se colocan como en el caso anterior pero todos cuentan con una mesa.	Muy conveniente para los actos formativos puesto que al tener una mesa, se pueden tomar notas con comodidad.

MODALIDAD	CONFIGURACIÓN	VENTAJAS
Forma de U	Grupos de mesas configuradas en forma de U con sillas alrededor en uno o ambos lados, dejando abierta la parte frontal para el ponente	Configuración idónea para promover un foro abierto de grupos pequeños de hasta 40 personas. Todos los participantes pueden tener contacto visual con los demás, lo que permite el debate activo de ideas. Muy adecuado para educación y formación, reuniones con comida, debates/negociaciones, dinámica de grupos, conferencias/intercambios, lluvia de ideas.
Sala de juntas	Mesas configuradas con forma rectangular u oval con sillas a ambos lados y en los extremos.	Configuración formal a nivel ejecutivo para reuniones con un moderador principal. Buen espacio para una cómoda sesión de trabajo, así como para comer y beber. Amplio espacio para teleconferencias y presentaciones visuales. Muy adecuado para discurso/presentación, reuniones de juntas, debates/negociaciones, presentaciones ejecutivas, conferencias/intercambios, lluvia de ideas.
Forma de V	Las sillas están organizadas en filas colocadas en forma de V y separadas por un pasillo central. Miran hacia la mesa principal o el orador.	Muy conveniente para educación/formación, discurso/presentación, debate/negociación, presentación ejecutiva, seminario y conferencia.
Mesas circulares	Mesas redondas organizadas para maximizar los requisitos de asientos para diversos fines.	Resultan adecuadas cuando el acto incluye comida.

5.2.1.2. Uso de atril

Un atril no es ni bueno ni malo en sí mismo, si el discurso se ha preparado concienzudamente y se han realizado los ensayos pertinentes, el uso del atril es una cuestión meramente logística.

Ahora bien, depende del objetivo de la alocución, el que el uso del atril constituya una ventaja o por el contrario se convierta en un obstáculo.

De manera general el atril constituye una barrera física y psicológica entre el orador y su audiencia. Sin embargo, resulta muy útil cuando la intención es proyectar poder y autoridad, para esto resulta muy idóneo.

Pero para mantener esa imagen de autoridad hay que asegurarse de que el atril está ubicado fuera de la línea de proyección si se utiliza cañón. Igualmente, hay que probar que es adecuado a la estatura del orador.

En cualquier caso, si las circunstancias o el protocolo exigen el uso del atril, es imprescindible cuidar el lenguaje corporal. No es necesario sujetar el atril como si fuera a volar de un momento a otro. Lo razonable es posar de modo confortable ambas manos sobre él, especialmente si se utilizan notas.

Para romper la barrera física y psicológica, el truco está en apartarse un poco del atril. Esto puede hacerse siempre que no interfiera con el equipamiento técnico.

5.2.2. Los medios audiovisuales

Pueden ser el mejor amigo del orador o convertirse en el peor de los enemigos. Es necesario probarlos y verificar que no existen problemas de compatibilidad con la presentación:

• Proyector de cañón y pantalla/s (tamaño, resolución, etc.) o *Videowall.*

- Micrófono fijo y /o inalámbrico (recomendado en audiencias a partir de 40 personas).
- Puntero. Es ideal el inalámbrico, por infrarrojos. Aunque hay punteros por *bluetooth* o *WiFi* que evitan las conexiones USB, la configuración puede suponer un problema. El USB no falla nunca, no requiere de configuraciones y se adaptará ante cualquier imprevisto.
- Iluminación (¿adecuada para la proyección de audiovisuales?, ¿adecuada para la lectura?).
- Niveles de ruido exterior (tráfico, aire acondicionado, etc.).
- Climatización.

Alberto (el zombi) tiene que presentar su proyecto

A pesar de los problemas, la capacidad técnica de Alberto y su equipo ha logrado que el proyecto avance casi conforme a lo previsto. Este proyecto es el piloto que permitirá conocer los pros y los contras del enfoque que se le está dando. Por ello, el director técnico pide a Alberto que presente el proyecto y la tecnología utilizada a los otros 65 técnicos de la empresa.

Él está contento, ha tenido problemas pero piensa que siempre los hay y el hecho de presentarlo ante todos los técnicos le resulta muy gratificante.

Se va a mover en terreno conocido y va a hablar a los expertos de la compañía. Como poco a poco va aprendiendo de sus errores, decide que esta charla hay que prepararla cuidadosamente. Va a preparar una presentación y aunque el estándar de la compañía es el Office, decide que utilizará Prezi[2] para presentar. El contenido es sumamente técnico pero adecuado para la audiencia. No le preocupa la sala donde se realizará el acto porque la conoce perfectamente y tiene confianza ciega en la tecnología, no le inquieta y no prueba el equipo.

La presentación realizada en Prezi es impecable. Ha llegado el gran día y Alberto está tranquilo porque conoce muy bien el tema y considera una pérdida de tiempo ensayarlo.

---

2. **Prezi** es una aplicación multimedia para la creación de presentaciones similar a Microsoft Office PowerPoint pero de manera dinámica y original. La versión gratuita funciona solo desde Internet y con un límite de almacenamiento.

Alberto (el zombi) tiene que presentar su proyecto

El problema surge cuando comienza la conferencia y descubre que como Prezi no es un estándar de la compañía, tiene problemas de compatibilidad, que se resuelven fácilmente. No obstante, se han perdido diez minutos.

La presentación transcurre de forma muy fluida hasta que a Alberto empiezan a plantearle preguntas que están más orientadas a la usabilidad del producto resultante del proyecto por usuarios no expertos, Alberto se bloquea (considera que este tipo de preguntas son un ataque) porque no contaba con ese tipo de pregunta pero, con la ayuda del director técnico, sale del aprieto. Debido a la pérdida de tiempo del principio la conferencia se prolonga más de lo que se había programado por lo que algunos asistentes tienen que abandonar la sala antes de que termine la conferencia.

COMENTARIO

Sin duda, Alberto conoce perfectamente el tema a tratar y además su público tiene inquietudes y conocimientos muy similares, además, puede decirse que "juega en casa". Conoce el entorno pero quizá ha confiado demasiado en la tecnología.

Adicionalmente, siempre hay que contar con que, incluso el público más entregado puede plantear cuestiones que pueden resultarnos incómodas.

Finalmente, en la medida de lo posible, hay que intentar ajustar los tiempos.

Una presentación es al acto vivo de comunicación donde un ponente transmite desde la emoción sus ideas ante de una audiencia formada por personas con sus inquietudes, problemas e historias personales.

5.3. CUÁNDO HABLAR EN PÚBLICO

La fecha y la hora en que se va a disertar tienen una importancia capital. Y son relevantes en todos los casos, una reunión será menos productiva si se convoca para un viernes a las 6 de la tarde que la que se celebre, por ejemplo un martes a las 11 de la mañana o a las 4 de la tarde[3].

Una conferencia por muy interesante que sea el tema será un fracaso en cuanto asistencia si se convoca en vísperas de un puente o cuando tenga lugar uno de esos partidos de fútbol del siglo tan frecuentes hoy en día.

Sin embargo, un congreso celebrado en un lugar emblemático durante un puente puede resultar un éxito total, dado que los profesionales que prevén su asistencia, tienen oportunidad de asistir al congreso, conocer y disfrutar del lugar con el plus añadido, que no faltarán o faltarán mínimamente a sus lugares de trabajo.

5.3.1. Duración y puntualidad

Como bien dice el refrán castellano "lo bueno si breve, dos veces bueno". Tanto si hablamos de una reunión como si se trata de un discurso o una conferencia, una presentación o una ponencia, no es bueno que se prolongue más allá de lo necesario.

Al planificar una **conferencia o una ponencia** hay que tener muy en cuenta la duración. Está demostrado que el cerebro humano tiene una capacidad limitada de atención continuada y por eso los especialistas aconsejan que la duración de **una conferencia no deberá sobrepasar los 30 o los 45 minutos,** a lo sumo una hora.

Además, en los casos en los que hay más de un orador, es cuanto menos descortés el "robar" un tiempo que corresponde al siguiente participante.

---

3. Un estudio del servicio de gestión del tiempo WhenIsGood, publicado en Inc., confirma las teorías sobre la poca idoneidad de lunes y viernes, y declara el martes como el más propicio para las reuniones.

Este aspecto se refiere tanto a la puntualidad al llegar al lugar físico, como al inicio de nuestra charla y a ceñirnos estrictamente al tiempo que se nos ha dado de antemano. "20 minutos no quiere decir 25 minutos". Procuraremos ajustarnos al tiempo dado para la conferencia; por una parte, para evitar aburrir a la audiencia hablando en demasía y, por otro lado, si tienen que intervenir otras personas, permitir que todo el evento se celebre con mayor fluidez.

Es bueno planificar nuestra charla considerando unos minutos para dudas y comentarios que puedan surgir desde el auditorio, incluyendo este tiempo dentro del que se nos ha asignado.

Isabel (la nerviosa) da una charla para un colectivo profesional

Isabel está muy contenta, le han pedido que de una charla para un colectivo profesional en el que predominan las mujeres. Tiene una hora para hablar y le han dejado la posibilidad de establecer el tema. El evento tendrá lugar dentro de cuatro semanas, forma parte de un ciclo de conferencias que ha organizado el colegio profesional y puede escoger el tema, aunque debe estar relacionado con la comunicación.

Hablará sobre la importancia de la comunicación en la resolución de conflictos interpersonales. Conoce el tema y de hecho ha escrito varios artículos sobre esta cuestión.

Tiene poca experiencia en cuanto a hablar en público y siempre para pequeños grupos. En este caso, los organizadores le han dicho que tendrá una audiencia de entre 80 y 100 personas.

Plantea diversas cuestiones a la organización. ¿Son todas mujeres? ¿Tienen todas el mismo nivel profesional? ¿Asisten algunos hombres? La organización le indica que seguramente el público será mayoritariamente femenino aunque asistirán algunos hombres, no pueden indicarle el nivel o la especialización. Se trata de un acto público que se anuncia no solo en el colegio sino en los medios para que puedan asistir tanto colegiados como no colegiados.

Su presentación está preparada. No es muy amplia, no le gusta utilizar PowerPoint demasiado, simplemente quiere proyectar unas pocas visuales que le servirán de apoyo.

Una semana antes del evento Isabel plantea algunas otras cuestiones. ¿Será presentada por alguna persona? ¿Puede visitar la sala con antelación? ¿Debe llevar su propio portátil? ¿Habrá turno de preguntas?

Ahora sabe que la presentará la decana del colegio, por lo que hace llegar su currículum a la secretaria de esta y solicita una breve reunión con la decana.

Visita la sala y comprueba que hay algún problema con la iluminación por lo que decide agrandar la fuente que ha utilizado para sus notas y poner un fondo más claro a su presentación de PowerPoint. Como le han dicho que habrá 15 minutos para las preguntas del público, decide preparar las respuestas a las preguntas más típicas relativas al tema de la conferencia.

Dos días antes de la conferencia, pregunta a la organización si hay micrófonos inalámbricos para el público y si puede disponer de la sala un par de horas antes de la conferencia.

Los responsables de la organización comienzan a considerarla un poco pesada.

COMENTARIO

Isabel ha hecho sus deberes exhaustivamente, puede que los organizadores la consideren pesada pero quiere asegurar el éxito de la conferencia y no quiere dejar nada al azar.

La información solicitada le ha permitido entre otros:

- Conocer en la medida de lo posible a su audiencia
- Adaptar la presentación a las características de la sala.

La entrevista con la decana (y el currículum) le facilitará a ésta la presentación.

5.4. ¿POR QUÉ Y PARA QUÉ HABLAR EN PÚBLICO?

Indudablemente hablar en público reúne diversas ventajas, entre las que cabe enumerar:

* Incremento de la confianza en uno mismo y las habilidades sociales.
* Mejora del lenguaje verbal y no verbal. Esto es especialmente relevante para aquellos que desarrollan su actividad profesional básicamente por escrito y comienzan a olvidar cómo verbalizar adecuadamente sus mensajes.
* Es importante, porque todos en algún momento de la vida nos vemos abocados a hablar en público. Teniendo en cuenta este hecho, más vale estar preparado.
* Por razones obvias, la habilidad de hablar en público y otras destrezas comunicativas constituyen un plus para los posibles empleadores y abre nuevas posibilidades profesionales. Es una forma de marcar la diferencia tanto en el trabajo como en la vida personal.
* Al aprender la habilidad de hablar en público, también se adquieren otras destrezas clave. Se ejercita el arte de la persuasión, ya que se ha aprendido a tratar a las personas como seres integrales con sus emociones, deseos y pensamientos.

Finalmente, las empresas demandan perfiles profesionales que la formación actual no cubre. Entre el grueso de carencias que la empresa encuentra figura en primer lugar la habilidad para hablar en público[4].

5.4.1. El objetivo

Siempre hay un objetivo al emprender la tarea de dirigirse a una audiencia en particular. Se trata de un colectivo que se reúne para escuchar al ponente que disertará sobre un tema específico y esperan

---

4. Primer informe del Observatorio de Innovación en el Empleo (OIE).

obtener algo de manera inmediata. Simultáneamente, el orador espera producir un impacto inmediato en la audiencia. El verdadero objetivo del orador es obtener la respuesta deseada por parte de su audiencia. El verdadero objetivo del orador ha de ser obtener la respuesta deseada por parte del público.

La mayoría de los discursos intentan provocar reacciones de la audiencia en uno de estos sentidos: las emociones, la reflexión o la acción.

EMOCIÓN	REFLEXIÓN	ACCIÓN
En la elegía de una persona o una entidad indudablemente la emoción de la audiencia pesará más que su reflexión.	Una acción formativa o ponencia estimula la reflexión de los asistentes sobre un tema específico desde una nueva o distinta perspectiva.	Un mitin político o sindical indica a la audiencia las acciones a emprender sobre una cuestión en particular.

Una vez establecido el propósito de la disertación, el orador deberá plantearse las cuestiones:

- ¿Qué es lo que quiero que haga o aprenda mi audiencia?
- Si planteo una cuestión polémica, ¿en qué quiero que mi audiencia este de acuerdo conmigo?
- Si ya se que estarán de acuerdo ¿por qué voy a hablar?
- ¿Qué ganará mi público al escucharme?

Marta (la perfeccionista) no se había visto en otra

Marta sigue debatiéndose entre la necesidad de cambiar de empleo para lograr una mayor proyección profesional o permanecer en la empresa y seguir intentándolo. Entonces recibe una llamada inesperada, le proponen exponer ante un gran foro su opinión sobre la regularización académica de la profesión de *"community manager"*. Esta es una profesión que existe en la empresa, pero que no está reconocida como tal por las autoridades educativas.

Aunque jamás ha hablado ante una gran audiencia, tiene una cierta experiencia de hablar con los medios de comunicación y piensa que no puede ser muy distinto. Por ello, acepta de inmediato. El acto en cuestión tendrá lugar dentro de tres semanas. Además de ella, hablará un representante de una universidad privada y un empresario, a quienes conoce de manera superficial.

Prepara concienzudamente su intervención que no debe prolongarse más allá de 45 minutos. Tiene que hacer una labor de síntesis importante, porque es mucho lo que quiere decir al respecto.

Llega el gran día y Marta tiene la presentación, realmente ha ensayado un par de veces y está segura de sí misma.

Llega a la sala con una cierta antelación y se queda impactada con la sala, es muy clásica e imponente, con grandes cortinones rojos y una presidencia que impresiona. Ya está todo preparado y ve que estará a la izquierda de la persona que preside. Se sienta para tener una imagen general de la sala y descubre con horror que al sentarse casi desaparece, aunque no es muy pequeña, las sillas son tan bajas que escasamente su cabeza llega al borde de la mesa. Da gracias a su previsión y pide a una de las azafatas un par de guías telefónicas (la azafata muy profesional pregunta que si de Madrid o Barcelona y ella responde que le da igual). Las coloca de inmediato en su silla, ahora sentada será visible por todo el auditorio.

La segunda sorpresa es que al mirar el nombre de quien preside, descubre que a última hora han cambiado a la persona, ahora es un Secretario de Estado. Menos mal que, como siempre piensa que si algo puede ir mal, irá mal, lleva una copia de un extracto del curriculum en su carpeta. Lo coloca en la presidencia porque este señor no la conoce y su intención es facilitarle las cosas.

COMENTARIO

A pesar de "haber hecho sus deberes" Marta se encuentra con sorpresas de última hora, si no hubiera tenido la precaución de sentarse, seguramente se habría encontrado sumamente incómoda durante el evento.

Por otra parte, aunque se haya hecho llegar a la organización de un acto en cuestión, un breve currículum para la presentación, siempre debe llevarse una copia para asegurar que esta presentación se corresponda con el objetivo del interesado.

Saber cómo se desarrollará el acto en el que se va a intervenir, el conocimiento del entorno y de la audiencia, contribuye en gran medida al éxito, además de aclarar todas aquellas dudas que asaltan al orador, días antes de su intervención.

Igualmente, resulta muy útil en cuanto al marketing personal, que, por qué no decirlo, está siempre presente en una intervención.

CAPÍTULO 6.

LA CONSTRUCCIÓN DEL DISCURSO

Podría decirse que la base de esta construcción es el tema del que se va a hablar. En algunos casos esta cuestión está decidida de antemano por lo que no hay que escoger, en otros casos el orador debe decidir. Y no es una decisión fácil, además hay que tener siempre presente que debemos hablar sobre un tema de interés para los demás y en el que hay que poner el conocimiento, la experiencia y, sobre todo, la pasión.

A lo largo de este capítulo se examinan las distintas clases de discurso y se introduce, de forma somera, el protocolo asociado a estos. Se trata de forma más exhaustiva el conjunto de herramientas para la construcción del discurso que incluye, por supuesto, los medios audiovisuales y finalmente se analizan las distintas fases del discurso.

6.1. CLASES DE DISCURSO

Ante todo es necesario saber porqué un grupo de personas más o menos numeroso se reúne para escucharte precisamente a ti.

Es necesario distinguir entre los distintos tipos de discurso y el objetivo de cada uno, que habitualmente son:

• Informar

El objetivo es explicar una cuestión, facilitar su comprensión y/o mostrar cómo proceder ante un hecho. Como ejemplos más típicos podrían citarse las reuniones de empresa en las que se informa de un tema específico, sobre el desarrollo de una cuestión de interés común, etc.

• Formar

Su objetivo es pedagógico y como ejemplo típico cabe citar las ponencias, cursos, etc.

- Persuadir

Promoción de una idea, un producto, una empresa, etc. Sin duda, el ejemplo más destacable sería el discurso político o la presentación de un producto.

La lista podría ser interminable pero se exponen estas tres por ser las más comunes y, finalmente, hay que mencionar, como no puede ser de otra manera, los discursos protocolarios.

6.2. EL PROTOCOLO EN LOS DISCURSOS

El discurso protocolario o institucional[1] es muy habitual en los actos públicos del Estado, las Administraciones públicas y situaciones similares que se producen no solo en los actos oficiales sino también se dan en el entorno empresarial y en la vida social.

En primer lugar, hay que distinguir entre decir unas palabras y un discurso, pero en ambos casos conviene ceñirse al protocolo establecido. Un ejemplo muy típico en el que se "dicen unas palabras" puede ser un brindis durante una comida o cena. Suele ser el anfitrión quien tome la palabra. La idea es **no extenderse,** dirigiéndose en primer lugar al invitado de honor o persona de más relevancia (empresarial, social, política, etc.) si no hay un invitado de honor propiamente dicho.

En cuanto al discurso, el protocolo marca que el orador debe dirigirse en primer lugar, al invitado con mayor jerarquía y a continuación al resto de la audiencia. Es bastante frecuente, que intervengan varios oradores. El protocolo marca que siempre hablará primero el de menor jerarquía, finalizando el anfitrión. Cada orador presenta y cede el turno a la persona que va a intervenir a continuación de él.

---

1. Para mayor información se recomienda visitar la web especializada en etiqueta y ceremonial de Protocolo.orghttp://www.protocolo.org/ceremonial/eventos/protocolo_de_los_actos_los_discursos.html

Se ilustra mediante un ejemplo con fines clarificadores.

Alberto (el zombi) participa en un acto institucional

Alberto es vocal de la junta de gobierno de su colegio profesional. Él en realidad no ha participado en nada pero ahora le anuncian que el colegio recibirá la visita del Ministro de Industria y que cuentan con su presencia y participación.

Le parece una actividad realmente poco interesante, que le quitará tiempo, pero no puede negarse. Tiene que hablar durante diez minutos en representación de los colegiados más jóvenes.

Cuando recibe la comunicación del protocolo del evento, realmente no entiende nada y piensa que en el colegio son unos estirados que complican la vida, total para hablar unos minutos, no vale la pena preparar nada, si tiene que hablar de las inquietudes de los más jóvenes, ya las conoce.

El protocolo del acto se ha diseñado como sigue:

- Recibimiento al ministro: la junta de gobierno en pleno lo recibe en la puerta del colegio (a pie de calle).
- El presidente presenta a la junta.
- El presidente, a quien corresponde la presidencia del acto, la cede al ministro.
- Orden de los discursos: habla durante diez minutos cada uno de los miembros de la junta de gobierno por orden riguroso de antigüedad. Cierra por parte del colegio, el presidente que a continuación cede la palabra al ministro.

Comentario:

En primer lugar, realmente ¿Alberto es consciente de las inquietudes de los más jóvenes? Aún el discurso aparentemente improvisado requiere preparación y más en el caso de un acto institucional que no deja nada a la improvisación. Es una lástima que no aproveche esta ocasión, al hablar él primero, captará más la atención.

Respecto al protocolo, no es una cuestión de ser más o menos estirado, el protocolo no existe para fastidiar, es una magnífica herramienta de comunicación que evita, además, roces e incomodidades.

El protocolo marca que en los discursos múltiples tome la palabra en primer lugar, la persona con menor importancia jerárquica (o la de menor edad en el caso de que exista paridad jerárquica). El anfitrión en este caso cede la presidencia al ministro por deferencia y para que así cierre este el acto.

A pesar de que un discurso leído es frío y carece de espontaneidad, en ocasiones es preceptivo leerlo.

El discurso leído suele estar dirigido a un público específico y homogéneo, dispuesto a prestar atención sostenida y profunda a un tema concreto. Como ejemplo, sin duda hay que citar los discursos de S. M. el Rey en ocasiones como la Pascua Militar o los discursos de ingreso en la Real Academia[2]. Casos típicos son los de las conferencias o las ponencias de congresos científicos, o los de personas con cargos destacados en la vida pública.

6.2.1. La presentación del orador

Aunque una mala presentación del orador no va a hundir una gran intervención, una gran introducción de una duración máxima de tres minutos, puede ser capital para el orador.

Tanto por razones de cortesía hacia la persona que debe presentar al orador como por cuestiones pragmáticas, conviene hacerle llegar con antelación una breve presentación (no es el curriculum) destacando aquellos aspectos que sean relevantes para el tema sobre el que se va a disertar. Y por si acaso, el día de la intervención, hay que llevar una copia de la presentación, por si se ha extraviado.

No se trata de que el presentador haga tal panegírico del orador que le haga parecer un superhéroe. Aunque todos tendemos a mostrar admiración por las eminencias y la autoridad, empatizamos y conectamos más con la gente que es similar a nosotros.

---

2. La tradición de leer un discurso de ingreso, como formalidad necesaria para que un académico electo pase a ser miembro de pleno derecho de la corporación, se remonta a 1847.

6.3. HERRAMIENTAS PARA LA CONSTRUCCIÓN DEL DISCURSO

La construcción del discurso efectivamente debe reunir conocimientos, experiencia y pasión, ahora bien, en esta fase de la construcción del discurso debe primar el método.

El método propuesto aquí se desarrolla en las fases siguientes:

- El tema
- La recogida de información e investigación
- Análisis de a quién, dónde y por qué
- Desarrollo
- El soporte de las ideas
- Escribir el discurso
- Preparación
- El discurso

Todas estas fases se examinan a continuación, excepto la de análisis por haber sido tratada en el capítulo anterior.

Si un discurso falla, casi siempre se debe a que el orador no lo ha estructurado correctamente, se ha equivocado en el grado de interés o no guardó el equilibrio entre datos y narrativa.

6.3.1. El tema o de qué voy a hablar

Tanto en el caso de tener que hablar sobre un tema previamente establecido o poder decidir, un método muy práctico para empezar es representar gráficamente las ideas básicas que se van a exponer; seguramente a lo largo de la prepara-

105

ción, este gráfico experimentará diversas modificaciones, pero como punto de partida resulta muy útil.

Como primera medida hay que redactar una sola frase que exprese claramente el objetivo de forma concisa y concreta. Esta frase debe centrar el foco en el tema que se va a tratar y por qué.

Supongamos que se va a hablar sobre "Networking", el punto de partida sería:

El "Networking" como factor decisivo en la proyección profesional

Incluso es posible que esta frase que enfoca cómo se va a tratar el tema, posiblemente se convierta en el título de la conferencia. Y el esquema sería:

MODELO DE ESQUEMA

6.3.2. La recogida de información e investigación

La primera acción es recopilar todas las notas, comentarios y pensamientos propios relacionados con el tema de la alocución. Igualmente hay que recopilar toda la información que se relacione con el tema y obre en poder del orador.

Puede que el tema le resulte tan familiar al orador que no tenga más que recopilar sus propias notas y pensamientos. O tal vez no sea así y deberá decidir cómo tratar el tema.

Tanto en un caso como en otro, una vez establecido el tema principal y los diferentes puntos que se desea tratar, hay que investigar sobre qué se ha dicho y escrito al respecto, no se trata de plagiar sino de conocer las corrientes de opinión, además la investigación puede hacer que surjan nuevas ideas, evita caer en lugares comunes e incrementa la creatividad.

Es imprescindible acudir a fuentes fiables, Internet sin duda facilita mucho a la hora de investigar, sin embargo, siempre hay que tener presente que no todo lo que se encuentra en la red es verídico. Por tanto, hay que contrastar y volver a contrastar. Tanto los hechos como los datos tienen que ser irrefutables.

Igualmente hay que ser cuidadoso con la vigencia de la información, en especial cuando se trata de avances científicos o tecnológicos.

Si se va a mencionar una información producto de la investigación, hay que tener en cuenta la fuente, aunque que no necesariamente se debe citar en el discurso, puede ser objeto de preguntas posteriores y entonces sí es necesario mencionarlo.

Resulta sumamente práctico recoger información en la propia web de la entidad que organiza el acto, así como las de los colegios profesionales y asociaciones relacionadas con la audiencia. Proporciona información muy valiosa sobre las inquietudes del colectivo.

Finalmente, procede el análisis de la información recogida y es el momento de desechar todo aquello que:

- no sea relevante
- no ofrezca total fiabilidad
- información innecesaria

6.3.3. El desarrollo

Tras la investigación, conviene revisar el esquema elaborado en el primer punto, volviendo a la conferencia del ejemplo, sobre el networking, en esta fase seguramente las ideas se habrán aclarado y el autor las habrá ordenado de modo que ya no solo tiene el tema definido y las cuestiones a presentar, prácticamente ha concretado el orden de presentación. Se muestra a continuación el modelo revisado.

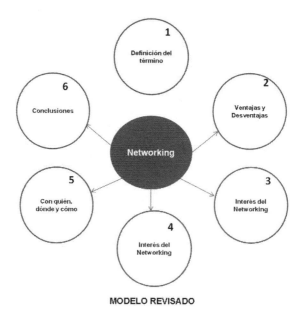

MODELO REVISADO

Isabel (la nerviosa) prepara su conferencia

Han invitado a Isabel a participar como ponente en un Máster para Alta Dirección. Su intervención tendrá lugar durante una hora, de la que los últimos quince minutos se dedicarán a responder a las preguntas de los asistentes.

Isabel está parcialmente encantada porque es un honor que la hayan llamado aunque también está parcialmente aterrorizada, se trata de una institución con una larga historia y gran prestigio. Ella asistió como alumna y jamás soñó que en algún momento sería ponente.

Este curso está orientado a lo que podríamos llamar directivos de nuevo cuño, se trata de personas muy jóvenes que se inician en las labores de dirección.

El tema se lo ha indicado la organización, por lo tanto no ha tenido que tomar decisiones al respecto, también la organización le ha enviado los perfiles de los alumnos, por ello tiene una idea bastante clara de su audiencia.

Igualmente, conoce la estructura de las aulas de esta escuela de negocios, le gusta mucho la configuración en U, pero irá antes para verificar.

Isabel ha preparado un gráfico sobre el tema a tratar: el Networking y su importancia en la vida profesional (y personal). Tiene su objetivo por escrito, aunque no ha decidido si lo va a utilizar como título, esa decisión la deja para más tarde.

Aunque conoce el tema, ha investigado y recopilado información para tener en cuenta qué se dice al respecto y sobre todo, qué no se dice. Como fruto de esta investigación, ha decidido no lanzarse en primer lugar a hablar de sus ventajas y desventajas, como pensó en un primer momento. Introducirá el concepto previamente, con la idea de desmontar prejuicios. También ha ordenado las diversas cuestiones que tratará.

Siente que tiene todo más o menos bajo control, aunque en un primer momento se aterrorizó.

COMENTARIO:
Puede que los nervios de Isabel no se calmen del todo, pero el hecho de utilizar como herramienta el gráfico para la construcción de su discurso, recoger información e investigar, así como darle un orden lógico, le permite estar un poco más tranquila.

Tiene que seguir trabajando la ponencia, pero siente que se mueve en terreno seguro, al menos de momento.

6.3.4. El leitmotiv o eslogan

Una técnica muy utilizada por algunos oradores, estadistas y políticos en general, es convertir la idea clave del discurso en su leitmotiv o eslogan.

Un ejemplo clásico es *"No tengo nada que ofrecer sino sangre, esfuerzo, lágrimas y sudor"*[3], del histórico discurso de Winston Churchill ante la Cámara de los Comunes (la cámara baja del Parlamento del Reino Unido), el 13 de mayo de 1940. Posteriormente, el propio Churchill utilizaría esta expresión recurrente para decirla en otros discursos.

Como ejemplo español, cabe citar el discurso de Adolfo Suárez en el discurso de cierre de campaña el 13 de junio de 1977, en que su leitmotiv fue *"Puedo prometer y prometo"*. La frase[4] supuso un definitivo espaldarazo para la elección de Suárez que la utilizó siete veces durante el discurso y trascendió como uno de los símbolos de la Transición Española. Tuvo tal calado que ha sido utilizada posteriormente en el lenguaje popular tanto con fines políticos como periodísticos.

No se trata de pretender el paso a la historia, como en los ejemplos citados, sino de utilizar una fórmula que tiene éxito al dirigirse al público. Se trata de construir una frase corta (la idea es que no tenga más de doce palabras y no menos de tres). No olvidemos la campaña de Barack Obama y su famosa frase *"Sí podemos (Yes we can)"*.

Esta frase tiene que poderse repetir durante el discurso y dentro del contexto, al menos tres veces. La mayoría de los oradores incluyen su leitmotiv al iniciar el discurso, hacía la mitad y al finalizar su discurso.

---

3. *"I have nothing to offer but blood, toil, tears and sweat"* no es en realidad una frase original de Churchill, otros personajes ilustres la pronunciaron mucho antes que el gran estadista británico. Cabe citar a Giuseppe Garibaldi (1849) y Theodore Roosevelt en 1897. Originalmente figura en un poema de Lord Byron.
4. Fernando Ónega escribió con y para Adolfo Suárez algunos discursos que pasarán a los anales de la dialéctica como memorables, comenzando por el citado Puedo prometer y prometo. Con esa fórmula discursiva y un presidente conocedor de los entresijos de la televisión, UCD ganó las elecciones generales de 1977.

6.3.5. El soporte de las ideas

El "noble arte" de las presentaciones ha evolucionado notablemente durante los últimos veinte años.

Cuando pensamos en una conferencia, ponencia o lanzamiento de una idea, tendemos a imaginarla apoyada por una elegante presentación en PowerPoint. Ahora bien, si el tema de la conferencia no requiere una presentación audiovisual en sí misma, no se debe utilizar. De hecho, algunos conferenciantes de gran éxito, jamás utilizan presentaciones.

Por supuesto, no resulta apropiado utilizar presentaciones —salvo excepciones muy específicas— en los discursos de bienvenida, inauguraciones, brindis, etc.

Para el resto de los casos, no cabe duda de que el soporte audiovisual, bien utilizado, es fantástico.

Indudablemente, el avance de los medios audiovisuales permite no solo la utilización de presentaciones, ya sea en PowerPoint, Prezi y demás posibilidades, sino de vídeo sin necesidad de disponer de una gran infraestructura.

6.3.5.1. Presentaciones

Dicho esto, se analizan en primer lugar, las presentaciones, independientemente del paquete informático a utilizar.

Cuando se quiere mostrar datos o documentar una experiencia, el uso de diapositivas es muy adecuado, teniendo en cuenta que en este caso **menos es más.** La presentación perfecta es sencilla, rica en imágenes y ligera de texto.

• Diseño de la presentación

Antes de diseñar la presentación, es imprescindible elaborar un guión. Para ello, UTILIZAR LÁPIZ Y PAPEL. Son increíbles los resultados que se obtienen al alejarse del ordenador.

A continuación, hay que comenzar a elaborar la presentación propiamente dicha. El primer paso, es escribir las ideas que se quieren resaltar, siendo muy, pero muy selectivo.

El segundo paso conlleva una gran labor de síntesis, se trata de diseñar transparencias que se puedan leer en tres minutos. Lo ideal es no exponer más de un concepto por diapositiva.

Finalmente, se le da forma a la presentación.

¡La presentación es el medio, no el mensaje!

En la tercera etapa es el momento de decidir el diseño propiamente dicho, teniendo en cuenta que debe constituir un todo armónico. Esta armonía se logra mediante el color, el tipo y tamaño de fuente y las imágenes que se utilicen.

El color del fondo es quizá lo que tiene mayor influencia en la armonía, si se opta por los fondos oscuros, resulta muy recomendable el azul, hace que el texto (en blanco, amarillo o gris pálido) resalte. Conviene evitar los colores cálidos como fondo (rojo, granate, pardo o anaranjados) ni tampoco con muchos colores o con dibujos que vayan a distraer más que a aportar belleza a la presentación. También resulta muy adecuado el fondo blanco con el texto en un color oscuro que resalte. Ahora bien, una vez tomada la decisión, **todas las diapositivas deben tener el mismo fondo.**

Con respecto a los tipos de fuente, debe utilizarse, en la medida de lo posible, un único tipo que debe ser lo suficientemente grande como para que se vea bien al proyectar, y jugar con dos o tres tamaños.

En cuanto al formato de las imágenes, lo mejor es utilizar JPEG o JPG, como segunda opción, el formato PNG. El formato GIF ofrece una calidad muy pobre y el formato BNP resulta borroso.

Los gráficos no son adornos. Son útiles cuando los datos muestran una tendencia que compone una imagen interesante.

Independientemente del software utilizado, siempre hay que tener en cuenta la regla del menos es más, este es uno de los casos en los que el minimalismo debe ser la regla.

Enrique (el estudioso) prepara su presentación sobre los resultados del proyecto

El proyecto encomendado a Enrique ha finalizado con éxito, se han cumplido tanto los plazos como el presupuesto. El resultado final es muy satisfactorio. Ahora tiene que vender el producto internamente.

Ha decidido utilizar una presentación realizada con Prezi porque considera que tiene un estilo mucho más fluido frente al comportamiento estructurado y lineal de PowerPoint. Además, permite hacer zoom en los detalles y modificarlos sin necesidad de realizar otra diapositiva, lo que le será francamente útil para mostrar cifras y gráficos.

No está especialmente nervioso porque piensa que lo verdaderamente difícil era el proyecto y eso ya lo ha logrado, para él la "venta" de la idea es menos relevante.

Ha redactado una frase que resume su objetivo:

El proyecto se ha terminado de acuerdo con los plazos y el presupuesto porque el equipo ha compartido el objetivo de producir un producto de alta calidad.

A continuación, ha elaborado un guión y ha preparado la presentación que está orientada a persuadir tanto al área técnica como a la comercial de las ventajas del método de trabajo y la excelencia del producto.

Comentario

Parece que Enrique tiene todo bajo control:
- Sabe a quién va a dirigirse (auditorio)
- Tiene un objetivo muy claro
- Ha escogido la herramienta que considera idónea

Cabe suponer que como es tan metódico también en su momento examinará la sala y los medios audiovisuales.

No está nervioso porque tiene en su haber el trabajo bien hecho, por ello su grado de autoconfianza es alto. Sin embargo, un exceso de confianza puede hacer que no todo salga tan bien como espera.

6.3.5.2. Vídeo

La utilización de vídeo puede distraer a la audiencia por lo que conviene utilizar vídeos cortos y muy bien editados. A veces es preferible mostrar a contar y esta es el motivo principal del uso del vídeo.

Hasta hace unos pocos años, la producción de un vídeo era cara y requería mucho tiempo, pero las reglas del juego han cambiado y ahora mismo es sencillo producir y editar videos utilizando programas muy económicos o gratuitos.

Si el video tiene una alta calidad de sonido, el orador simplemente debe permanecer en silencio. Cuando la calidad del sonido del vídeo es deficiente, lo mejor es anular este y hacer un ejercicio de narración.

En el caso de los vídeos conviene visionarlos por completo en el lugar del discurso y con el equipo que se va a utilizar. Permitirá comprobar que no se producen fallos técnicos y la visibilidad desde todos los ángulos de la sala.

Marta (la perfeccionista) se debate ante la duda
Marta tiene preparada una ponencia para un congreso al que acudirá invitada como ponente en una mesa redonda[5]. El tema de esta mesa es "El rol del *Community Manager* en las pymes". Le han pedido que exponga su opinión durante veinte minutos y otros diez minutos, durante el turno de preguntas del público. Sabe que los otros miembros de la mesa redonda son reputados colegas suyos y quiere que su participación sea brillante e innovadora. Tiene un vídeo que considera sumamente clarificador sobre la trayectoria profesional de los *community managers* en la gran empresa, su intención es hacer una comparativa respecto a las pymes. La idea le parece acertada pero se debate en un mar de dudas. En primer lugar, el vídeo tiene una duración de seis minutos, además, está en inglés y para colmo, puede resultar muy controvertido.

Comentario

Marta tiene muchas dudas y, sin embargo, la idea de proyectar el vídeo puede resultar muy buena. Quizá el problema puede residir en la duración más que en el tema del inglés. Podría anular el audio y narrarlo ella, añadiendo sus propios comentarios. Esta es una solución arriesgada en cuanto a que tiene que estar perfectamente ensayado, entre otros aspectos, para que la imagen y su narración estén perfectamente sincronizados.

En cuanto a que lo expuesto en el vídeo pueda ser controvertido, es posible que añada interés a la mesa redonda, ya de por sí interesante para los profesionales asistentes.

6.4. FASES DEL DISCURSO

La regla del 1-2-3 resulta muy útil al planificar un discurso, especialmente cuando no se es un orador experimentado. Esta regla se reduce a:

---

5. En la **mesa redonda,** no se promueve la discusión, sino más bien aporta distintas visiones acerca de un tema en particular. Los integrantes de la mesa redonda no pueden ser menos de tres, además del moderador. Cada uno hace uso de la palabra durante un breve lapso que el coordinador moderará, cediendo la palabra a los otros participantes de la mesa redonda en forma sucesiva.

1. Cuenta lo que vas a contar (introducción)

   En esta primera fase o introducción se plantea el tema que se va a abordar y qué se quiere transmitir.

2. Cuéntalo (cuerpo del discurso)

   Se presentan los distintos argumentos en los que se apoya la idea central.

3. Resume lo que has contado (conclusiones)

   Se enumeran de forma somera los argumentos expuestos para sustentar la idea.

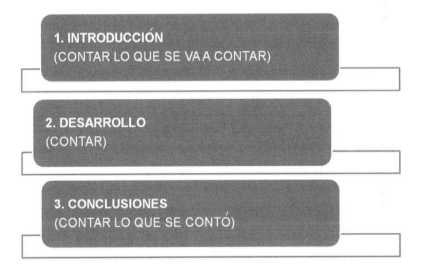

6.5. UN TOQUE DE HUMOR

Introducir el humor en el discurso es un punto a favor siempre que sea:

- Oportuno y breve
- Políticamente correcto (dentro de un orden)
- Adecuado para la audiencia

Una buena idea puede ser abrir con una broma para romper el hielo, pero hay que sentirse cómodo haciendo bromas frente al público.

El humor es una cuestión muy subjetiva y, por tanto, con una broma se puede perder a parte del público tan rápido como se gana a otra.

6.6. LAS NOTAS DEL ORADOR

Cualquier intervención leída carece de espontaneidad, además de que impide el contacto visual con el público.

Tampoco es una buena decisión, memorizar el discurso. En ambos casos, a la intervención le faltará frescura y dinamismo. Podría decirse que es el peor de los métodos. Se está tan preocupado tratando de recordar qué palabras hay que decir que se pierden las ideas subyacentes. Como resultado, la inflexión de la voz se convierte en una monótona letanía y el bloqueo mental es inevitable.

Como conclusión a este capítulo, todo lo que es aparentemente sencillo, entraña una cierta dificultad. Al tratarse de un mensaje verbal, el auditorio no dispone del tiempo necesario para analizar en profundidad ni el lenguaje utilizado, ni la estructura de las frases. Tampoco dispone de tiempo para aclarar cuestiones que puede que no haya interpretado correctamente. Por ello, **hay que anteponer la claridad a cualquier otra consideración, sin olvidar que el mensaje tiene que ser atractivo para quien lo escucha y apasionante para quien lo dice.**

CAPÍTULO 7.

ESTRUCTURA Y PRÁCTICA DE DIFERENTES TIPOS DE INTERVENCIONES

En los capítulos anteriores se han analizado los distintos tipos de intervención, ahora bien si la buena literatura tiene una buena estructura, también la debe tener toda intervención en la que de forma oral se quiera expresar lo mejor de uno mismo, teniendo en cuenta, que, salvo contadas excepciones, nadie nace brillante y sesudo orador.

La habilidad de hablar en público se adquiere con la **práctica** y el conocimiento del entorno y el auditorio. Esto es aplicable a toda intervención en la que, dicho en román paladino, nos jugamos mucho.

> **Un aspecto clave es la *predisposición para el éxito*. El deseo de obtener éxito debe ser parte vital en el proceso de transformarse en un orador cualificado. Hay que apartar de la mente los ESTÍMULOS NEGATIVOS.**

Como norma general, hay que mostrar (y sentir) respeto y consideración por el auditorio. Para conquistar la atención, la actitud es muy importante. La personalidad humana demanda amor y respeto. Todo ser humano posee un sentimiento íntimo de valor, importancia y dignidad.

A lo largo de este capítulo se tratan distintas circunstancias en las que cualquier persona se enfrenta a la posibilidad de hablar públicamente independientemente del tamaño del auditorio.

7.1. LA ENTREVISTA LABORAL

Nos jugamos mucho en una entrevista laboral en la que a lo mejor solo está presente una persona y a lo sumo dos o tres y sin embargo para el interesado, esta entrevista tiene mayor importancia y trascendencia que para otra persona que debe hablar para un gran auditorio.

La entrevista de trabajo es el punto crítico en el proyecto de búsqueda de empleo o de cambio de trabajo.

Desde el punto de vista de la empresa, los objetivos principales de la entrevista de trabajo son:

- Conseguir información directa y fidedigna sobre la trayectoria profesional y personalidad del candidato. Para ello, en la entrevista se contrasta y amplía la información del currículum.
- Indagar si el perfil se adapta a la empresa y al puesto ofertado.
- Verificar si el candidato dispone de los conocimientos, experiencia, habilidades, actitudes y motivación necesarios para encajar en la empresa y el puesto.

Para el candidato, desde el punto de vista de este libro, el principal objetivo de la entrevista es:

- Atraer la atención del seleccionador, con capacidad comunicativa, con convicción y decisión. Las habilidades de comunicación son tan importantes como los conocimientos y la experiencia.

La cuestión es lograr que el entrevistador considere que se cumplen sus objetivos precisamente porque el entrevistado ha utilizado sus habilidades de comunicación para persuadirlo de que es idóneo para el puesto.

Como ya se ha reiterado, tanto la preparación como la práctica son importantes.

En este caso, el tema es conocido, sin embargo hay que documentarse e investigar todo lo posible sobre la empresa donde se es candidato a un puesto:

- Historia
- Número aproximado de empleados
- Situación actual

- Socios, accionistas, etc.
- Posicionamiento en el mercado
- Servicios y/o productos
- Políticas
- Etc.

Hay que tener en cuenta que el entrevistador puede adoptar diferentes roles. Es posible que el "agresivo" plantee cuestiones intimidatorias para evaluar la respuesta ante situaciones de crisis; el "operativo" sobre todo se interesará por la capacidad técnica del candidato, el "psicológico" analizará la forma de ser y las habilidades de trabajo en equipo, entre otros, y el entrevistador "amigo" —el más difícil de los descritos—, tratará, eso sí muy cordialmente, de conseguir toda la información posible del candidato.

En cualquier caso es necesario:

- Tener claros sus objetivos profesionales.
- Tener confianza en sí mismo y mostrar capacidad para afrontar retos.
- Ser puntual; al llegar presentarse a quien corresponda y aprovechar el tiempo para relajarse y repasar qué se contestará a determinadas preguntas.
- Cuidar el aspecto personal, en función del puesto solicitado, evitando características llamativas. El aspecto, y el atuendo son factores fundamentales a la hora de presentar una buena imagen (esta es una cuestión que se trata con mayor amplitud en el epígrafe dedicado a la presencia e imagen personal en el capítulo cuarto).
- Mantener una postura adecuada y cortés, al margen de la postura del entrevistador, ya que es posible que con el objetivo de crear tensión en el entrevistado, pudiera adoptar una postura extraña.
- El lenguaje debe ser correcto, además de fluido y sencillo, evitando las palabras rebuscadas, las "muletillas" y los rodeos innecesarios.
  Respecto al lenguaje es importante tener en cuenta que los mensajes transmitidos verbalmente deben coincidir con los que emiten el cuerpo y la voz. Tiene que existir coherencia entre lo que se dice —comunicación verbal— y cómo se dice —comunicación no verbal y paraverbal—.

Actitudes a evitar

Exceso de timidez

La imagen de la izquierda representa a esa persona que quisiera ser invisible, no mira a los ojos a su interlocutor y por no molestar, prácticamente se expresa en susurros.

La imagen de la derecha representa a esa persona que es tan, diríase, espontánea, que no tiene en cuenta los sentimientos ni el espacio vital de su interlocutor. Resulta ruidoso y excesivo.

Exceso de extroversión

Además, conviene hacer simulaciones de la entrevista con la familia o amigos. Permitirá analizar los aspectos a potenciar.

Actitudes a potenciar

Confianza en sí mismo

Proyectar seguridad y confianza en uno mismo mediante el lenguaje verbal y no verbal. Si crees en ti mismo, será más fácil que los demás crean en tí.

La habilidad de saber escuchar es tan importante como saber expresarse. Requiere empatía, sincronizar el lenguaje no verbal con el del interlocutor, puntualizar y reformular.

Marta (la perfeccionista) busca trabajo

Como Marta no ve proyección en la empresa donde trabaja, ha decidido explorar sus posibilidades en las empresas de su entorno. No ha mandado su currículum a estas empresas por una cuestión de discreción, pero a raíz de su participación en un curso, un directivo de una de las empresas que compiten con la suya, le pidió que le hiciera llegar el currículum. Al cabo de dos semanas, la han citado para una entrevista. Realmente, después de varios años trabajando, Marta piensa que carece de experiencia en este tipo de entrevistas y debe prepararse.

Aunque conoce la empresa donde la van a entrevistar, ha realizado una investigación exhaustiva no solo en la web de la empresa, sino en todas las publicaciones del sector.

Aunque tienen su currículum, ha preparado una copia que llevará consigo por si el entrevistador lo ha extraviado o traspapelado.

Cuando llega el gran día, Marta se preocupa de no llegar tarde a la cita, tampoco demasiado pronto. La recibe el director de selección de la empresa, quien la acompaña a la sala donde tendrá lugar la entrevista. El director tiene su currículum en la mesa e inicia la entrevista preguntando abiertamente por qué Marta quiere cambiar de empresa. También de una forma muy abierta, Marta responde que busca una mayor proyección profesional y le cuenta su trayectoria profesional, aprovechando para mencionar sus principales logros.

El director toma unas notas y a continuación le pregunta: *"Si te dieran a elegir entre un súper-poder no humano ¿cuál elegirías?"*.

Marta había preparado respuestas del tipo ¿cuáles son tus planes de futuro? ¿Por qué quieres trabajar con nosotros? Etc. Jamás se había preparado para una cuestión tan estrambótica, pero cree que lo peor sería quedarse callada. Mantiene la mirada y la postura, reformula la pregunta para asegurarse de que ha entendido correctamente. Se toma unos instantes para pensar y responde que se debate entre dos súper-poderes, leer la mente de los demás y viajar al futuro.

El resto de la entrevista transcurre por cauces más tradicionales, con preguntas sobre cuál considera Marta que es su mayor fortaleza o qué le produce un mayor grado de estrés.

La entrevista finaliza muy cordialmente. El director le asegura que recibirá noticias en breve. La acompaña a la puerta y justo mientras se dan la mano, el director pregunta si estaría dispuesta a trabajar fuera de España. Marta responde que si la oferta vale la pena y no solo en términos económicos, por supuesto que estaría dispuesta.

Comentario

Sin duda, una entrevista dura desde el momento en que se llega a la empresa hasta que se abandona, por ello no conviene bajar la guardia hasta estar de nuevo en la calle.

Marta creía haberse preparado para cualquier eventualidad y a pesar de ello se ha sorprendido. Los seleccionadores son cada vez más creativos (la pregunta sobre los súper-poderes ha tenido lugar en la vida real).

7.2. PRESENTACIONES

En el capítulo anterior se trataron algunos aspectos técnicos de las presentaciones, en este se trata de cómo realizar la presentación propiamente dicha.

Aunque la RAE define el término presentación en su primera acepción como "acción o acto de presentarse" y en ningún caso contempla la presentación como una herramienta audiovisual, lo que a los profesionales nos suele evocar esta palabra es una serie de transparencias con gráficos. También es posible que el término nos recuerde algún momento de ansiedad y estrés o un aburrimiento mortal al tener que escuchar durante una eternidad a una persona que se limita a leer de forma monótona los textos de la presentación.

Al realizar una presentación la idea no es leer lo expuesto en esta, es solamente un apoyo a lo que el orador va a plantear.

En cualquiera de los dos casos, conviene tener notas escritas que servirán de guión de la presentación y recordatorio de ideas-clave.

El único requisito técnico es disponer de un presentador o puntero con mando a distancia, de modo que desde cualquier lugar de la sala se puedan cambiar las diapositivas o hacer hincapié en determinados puntos. Actualmente en el mercado hay una amplia gama disponible.

Finalmente, la tecnología nos juega a veces malas pasadas, por tanto hay que adoptar las medidas necesarias para evitar fallos. Conviene tener a mano copias de respaldo tanto de las presentaciones como de los vídeos.

La práctica debe llevarse a cabo en un entorno que simule la realidad, así se evitarán errores tan obvios como tapar la pantalla en la que se proyectan las transparencias, o que un vídeo no funcione.

7.3. MESAS REDONDAS

Es la reunión de varias personas, como mínimo tres y preferiblemente no más de seis, expertas, para exponer un tema de interés para un colectivo, bajo la dirección de un moderador.

El concepto es simbólico puesto que no se refiere a la mesa en sí misma, sino a la ausencia de jerarquías o posiciones de privilegio en el marco del debate. Todos los ponentes tienen los mismos derechos y libertad para expresar su opinión y conocimientos.

La mesa redonda[1] carece de una presidencia, formal o de hecho. Cuenta, eso sí, con un moderador.

7.3.1. Estructura de la mesa redonda

Una mesa redonda consta de tres partes:

1. El moderador presenta el tema de la mesa redonda al auditorio y luego a los participantes; puede hacer una breve semblanza de cada uno: quién es, qué ha hecho o escrito y por qué está capacitado para hablar del tema.

---

1. Se dice que el concepto de Mesa Redonda es el que aparece en la vieja leyenda inglesa protagonizada por el Rey Arturo, que afirma que cuando este comenzó su reinado en Camelot (Britania) fundó una modalidad de discusión que recibió el nombre de mesa redonda, con las características citadas. Sus participantes eran un grupo de hombres que pertenecían a una orden de caballería que, de acuerdo con el relato, se repartían alrededor de esta mesa para discutir los distintos temas que afectaban a sus dominios.

Cede la palabra a cada uno de los miembros de la mesa y a los asistentes, durante el turno de preguntas. Además, controla el tiempo estipulado para cada intervención y toma nota de lo expuesto para elevar al final las conclusiones.

2. Los participantes exponen los argumentos con los que sustentan sus puntos de vista.

3. El moderador concede la palabra al público para que haga preguntas, aclaraciones o exponga desacuerdos.

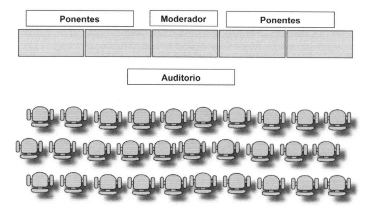

Mesa redonda

7.3.2. Cuestiones a evitar

Por parte del moderador:

- Acaparar la atención y convertirse en el centro de la reunión.
- Ser Injusto en la asignación de turnos.

Por parte de los expositores:

- Desviar la conversación hacia puntos no centrales del tema.
- Hacer burlas o alusiones personales a los demás.

Por parte de la audiencia:

* Hablar o hacer ruido al momento en que se exponen los temas o interviene el moderador.

Enrique (el estudioso) participa en una mesa redonda
Una prestigiosa organización ha invitado a Enrique a participar como ponente en una de las mesas redondas que se celebran en el marco de un congreso internacional. El tema de la mesa redonda está muy relacionado con el trabajo que ha realizado durante los últimos meses. Enrique se considera preparado para esta propuesta.   Lo comenta con su jefe y este le dice que quiere que asista al congreso y desde luego, participe en la mesa redonda, también quiere que aproveche esta ocasión para hablar de los productos y servicios de la empresa.   Recibe por parte de la organización los detalles de la mesa redonda, en total serán cinco participantes, cuatro ponentes y el moderador. Conoce bastante al moderador porque fue profesor suyo. Cada ponente tendrá una participación de quince minutos y la mesa redonda tendrá una duración total de dos horas. Por lo que asume que el turno de preguntas será de cuarenta y cinco minutos.   Le parece muy difícil sintetizar sobre algo de lo que podría hablar durante horas y preferiría disponer de más tiempo. Prepara su ponencia después de crear un guión y realizar una concienzuda investigación. Parece por la cantidad de información que ha encontrado, que es un tema candente en el que hay mucha gente interesada. También ha encontrado algún trabajo de otro de los ponentes y ha comprobado que la opinión de este respecto al tema de la mesa, es diametralmente opuesta a la suya. Enrique cree que surgirá la controversia pero piensa que será un aspecto positivo.   Realiza una gran labor de síntesis para ajustarse al tiempo previsto. Envía a su antiguo profesor una copia resumida de su curriculum para que cuando lo presente, tenga precisamente la información que Enrique quiere resaltar.   Ha decidido que no va a hacer publicidad de los productos y servicios de su empresa en la ponencia pero si resulta oportuno, lo hará al hilo de las preguntas del público.   Llega el gran día y todo funciona fluidamente. El moderador tiene experiencia y controla los tiempos asignados a cada ponente con mano de hierro, no se han desviado del tiempo planificado más allá de cinco minutos. Cuando abre el turno de preguntas, nada es tan fluido, muchas personas quieren preguntar y además, tal como Enrique preveía, se han vertido opiniones muy dispares por lo que, podría decirse que la polémica está servida.   Enrique responde a varias cuestiones sin problema, hasta que uno de los asistentes se dirige a él de forma un tanto descortés. Está en desacuerdo con la tesis de Enrique, lo que es absolutamente legítimo, pero las formas son inadecuadas. Gracias a la gran experiencia del moderador, la situación se reconduce adecuadamente.

Comentario

Enrique es metódico y, por tanto, el proceso de preparación de la ponencia es impecable. Su investigación le permite tener información previa sobre las distintas corrientes de opinión, lo que es valioso cuando se trata de una mesa redonda. Puede prepararse para responder a las preguntas del auditorio.

Respecto a sus reparos acerca del tiempo de que dispone, son lógicos. Siempre es más fácil preparar una conferencia de una hora, que una de quince minutos. Hay que aprender a sintetizar.

Respecto a hacer publicidad, es un asunto vidrioso, salvo que se trate de un evento eminentemente comercial. En este caso, se trata de un evento formativo y a la gente suele molestarle que traten de venderle algo en lugar de aportar conocimiento.

Finalmente, siempre hay que estar preparado para un público difícil. No se puede perder la calma.

7.3.3. Diferencias entre la mesa redonda y el panel de expertos

Un panel es una reunión de un grupo de expertos para abordar determinados estudios o actualizar conocimientos en un tema dado. Los expositores abordan diferentes aristas o ángulos del tema, al público asistente le corresponde sólo un papel observador, sin derecho a formular preguntas a la mesa.

En la mesa redonda los expositores debaten entre sí diferentes puntos de vista sobre el tema en cuestión y se incluye la participación del público mediante preguntas. Por tanto, la mesa redonda, puede incluir la polémica.

Tanto la mesa redonda como el panel de expertos tienen como objetivo aportar nuevos conocimientos sobre un tema de interés. Sin embargo, a diferencia del panel de expertos, en la mesa redonda se busca fomentar el diálogo entre los participantes para desarrollar el tema desde diferentes áreas o puntos de vista. Por ello, este tipo de género oral es el ideal cuando se quiere abordar un tema a fondo sin caer necesariamente en el esquema del debate. De manera general, las mesas redondas se utilizan como complemento de congresos o ciclos de conferencias, con la intención de profundizar en temas específicos.

7.4. DISCURSOS

El discurso se caracteriza por permitir desarrollar un tema determinado de una manera libre y personal. No es necesario ceñirse a una estructura rígida pero siempre es necesario que esté estructurado, tenga el ritmo necesario y por supuesto, la duración adecuada.

Pero, ¿cuál es la duración adecuada? Para algunas personas solo pensar que deben hablar durante menos de quince minutos, es un mundo. Se preguntan qué pueden decir sin repetirse en ese lapso de tiempo, mientras otros sienten que tienen tanto que contar que todo el tiempo es poco.

Sin embargo, los expertos aconsejan que un discurso jamás puede durar menos de siete minutos, ni más de dieciocho, por muy interesante que sea el tema y el orador.

Todos conocemos casos de discursos interminables, como aquellos míticos de Fidel Castro[2] que podían extenderse hasta doce horas (enero de 1968) sin hacer más que un breve descanso.

Olvidando casos extremos, la entidad TED[3], organización sin ánimo de lucro dedicada a las "Ideas dignas de difundir" (del inglés: *Ideas worth spreading*), TED, con su reconocida experiencia, recomienda para los discursos, una duración de dieciocho minutos.

7.4.1. Estructura del discurso

También los discursos deben contar con una parte introductoria, el cuerpo o desarrollo del tema y un cierre, es decir "cuenta lo que vas a contar, cuéntalo, y cuenta lo que has contado". Estableciendo este esquema, se dispone de la base del discurso.

* Introducción
  Los primeros treinta segundos son cruciales. Es el tiempo disponible para captar la atención de la audiencia e interesarlos en lo que se va a exponer. Esto se puede lograr de varias maneras. Por ejemplo, se puede plantear una pregunta que haga pensar o hacer una declaración interesante o controvertida, igualmente se puede hacer una cita relevante y

---

2. Fidel Castro todavía ostenta el récord del discurso más largo jamás pronunciado en Naciones Unidas que inició diciendo *"Aunque tenemos fama de hablar largo, no se preocupen, haremos todo lo posible por ser breves"*.
3. TED es ampliamente conocida por su congreso anual (TED Conference) y sus charlas (TED Talks) que cubren un amplio espectro de temas que incluyen ciencias, arte y diseño, política, educación, cultura, negocios, asuntos globales, tecnología y desarrollo, y entretenimiento. Los conferenciantes han incluido a personas como el ex Presidente de los Estados Unidos Bill Clinton, los laureados con el Premio Nobel James D. Watson, Murray Gell-Mann, y Al Gore, el co-fundador de Microsoft, Bill Gates, los fundadores de Google Sergey Brin y Larry Page, y el evangelista Billy Graham.

relacionada con el tema o incluso se puede comenzar con una broma. Una vez captada la atención del público, el discurso progresará fluidamente hacia el desarrollo del tema.

- Cuerpo

El cuerpo o desarrollo siempre es la parte más amplia del discurso. En este punto, la audiencia ya conoce al orador y también sabe de qué va a hablar y si la introducción ha sido adecuada, estará preparado para escuchar sus ideas y pensamientos e incluso sus vacilaciones sobre el tema.

Una técnica muy útil es formular una serie de puntos que después se desarrollan. Estos puntos tienen que estar relacionados entre sí, de modo que presenten una progresión lógica.

- Cierre

Junto con la introducción, el cierre es crítico. Muchos oradores, consideran que una vez expuesto el tema, el cierre es irrelevante. Sin embargo, hay que considerarlo como una oportunidad para:

— Resumir lo expuesto.
— Enunciar alguna idea que puede hacer que el auditorio quiera escuchar al orador en un próximo futuro.
— Dejar lo que podríamos denominar "un buen sabor de boca" que haga memorable el discurso.

7.4.2. Tipos de discurso

Se muestran a continuación las modalidades de discurso más significativas:

- **Discurso narrativo *(Storytelling)***

Corresponde a los tipos de discursos, en los que el orador da a conocer su mensaje, es como si estuviera contando la historia.

Desde los tiempos más remotos, al ser humano le encanta que le cuenten historias y a pesar de todos los avances, es un hecho probado que cuando escuchamos una historia, es más fácil que recordemos lo que se podría denominar la tesis o moraleja de esta.

> **La clave de la técnica denominada *Storytelling* es que al contar una historia, más que a la razón se apela a la emoción.**

Efectos positivos:

— Capta mejor la atención con menor esfuerzo.
— Receptividad para aceptar puntos de vista distintos a los propios
— Mayor motivación del auditorio que se muestra más proclive a la acción.
— Mayor impacto del mensaje, ya que su contenido, al despertar emociones, deja una mayor huella y más duradera en nuestro cerebro.
— El relato sigue ejerciendo un efecto en la audiencia una vez finalizado el mensaje, porque puede ser inspirador y servir de plataforma para nuevas ideas.

> **El *Storytelling* no es un recurso para hacer un paréntesis; no hace las funciones de un chiste o de un juego. El *Storytelling* es parte del mensaje mismo que queremos transmitir a nuestra audiencia. Simplemente, se trata de sustituir argumentos fríos y exposiciones enumerativas por historias que motivan y retienen la atención.**
>
> **Ernesto del Valle**
> **Experto en comunicación y autor**
> **http://mecenium.com/blog/profesional-empleo/que-es-storytelling-y-como-te-puede-ayudar-en-tus-proyectos/**

Como ejemplos paradigmáticos de discursos basados en *Storytelling* cabe citar:

— **Yo tengo un sueño** (I Have a Dream) es el popular discurso de Martin Luther King Jr. Este discurso (28 de agosto de 1963), está considerado como uno de los mejores discursos de la historia, y quedó en el primer puesto entre los discursos del siglo xx según los estudiosos de la retórica.

— Otro de los discursos más famosos de la historia es el que diera **Steve Jobs** en la Universidad de Stanford en 2005. En este discurso Steve nos cuenta tres interesantes e inolvidables historias, una de ellas relacionada con la muerte y finaliza con una inspiradora conclusión *"Su tiempo es limitado, así que no lo desperdicien viviendo la vida de alguien más. No se dejen atrapar por dogmas, que es vivir con los resultados del raciocinio de otras personas. No dejen que el ruido de las opiniones de los demás ahogue su voz interior. Y lo más importante, tengan el coraje de seguir su corazón y su intuición".*

- **Discurso argumentativo**

El discurso argumentativo tiene como finalidad *convencer o persuadir;* es decir, el orador quiere provocar un cambio de actitud u opinión en su audiencia. En este discurso se hace uso de fuentes como medio probatorio de todo lo que se dice.

Es una modalidad utilizada con frecuencia por los políticos, aunque con frecuencia sus fuentes probatorias, dejan mucho que desear.

- **Discurso expositivo**

Los discursos de este tipo buscan explicar de manera concisa, clara y objetiva una temática en particular. La estructura de estos discursos está compuesta por una introducción, en la que se aclara el tema que será tratado, la explicación y, por último, un resumen o epílogo donde se repasan las principales nociones tratadas.

- **Discurso informativo**

  En este tipo de discursos, también denominados como discursos **referenciales,** el objetivo es transmitir datos con precisión y de manera concreta provenientes de la realidad.

  El orador expone el tema de manera objetiva y directa, tratando de dejar a un lado sus opiniones personales. El discurso informativo se caracteriza por el uso de la tercera persona, tiempo verbal indicativo, oraciones impersonales y en el que muchas veces se presentan conceptos técnicos.

- **Discurso publicitario**

  El objetivo de este discurso es vender un producto, las características fundamentales a cumplir en el discurso publicitario son:

  — Ser atractivo: Consiste en seducir a la audiencia.
  — Sorprender: El público sólo escuchará lo que llame su atención, por lo que el discurso publicitario tiene que ofrecer siempre algo nuevo, algo único.
  — Huir de la monotonía: El discurso publicitario no puede ser un texto serio y monótono, sino variado y fragmentado.
  — Ser breve: Nadie está dispuesto a perder mucho tiempo oyendo un texto publicitario, por muy interesante que sea. El discurso ha de ser breve, directo, condensado, casi telegráfico.

7.5. OTROS

7.5.1. Ruedas de prensa

La rueda de prensa es un acto informativo convocado por una entidad (tanto privada como pública), al que se invita a los medios de comunicación.

En una rueda de prensa el proceso de comunicación experimenta un desdoblamiento. Existe un emisor que es la entidad que desea transmitir información a los medios para que a su vez estos la hagan llegar al público en general. El segundo emisor está constituido por los medios, que interpretará el mensaje para hacerlo llegar al público.

Tampoco existe un único receptor puesto que, en primer lugar son los medios, pero también lo es el público.

Las entidades convocantes tienen como objetivo que su mensaje llegue sin modificaciones o con mínimos cambios por parte del periodista.

Con este fin, la entidad y el responsable de la comparecencia deben plantearse las cuestiones siguientes:

- ¿Qué es lo que se va a comunicar?
- ¿Cuál es la idea principal que se quiere transmitir?
- ¿Es lo suficientemente importante como para convocar a los medios?

A continuación, hay que plasmar el mensaje que debe ser claro y perfectamente argumentado. Resulta muy recomendable la utilización de frases cortas. Esto también es aplicable durante el turno de preguntas, las respuestas demasiado extensas o farragosas no tienen buena acogida.

Es importante demostrar seguridad y coherencia ya que cualquier duda o discordancia durante la exposición merma credibilidad a la comunicación.

La naturalidad es uno de los ingredientes de la credibilidad. No olvidar que se puede hablar con naturalidad cuando se apoya en la tranquilidad de una buena preparación.

Los medios generalmente entienden que haya preguntas demasiado comprometidas para contestarlas en público. Si alguna cuestión no se quiere responder, hay que disculparse y sonreír al informador que formulaba la pregunta.

7.5.2. Seminario

Se trata de un acto formativo, basado en el trabajo en grupo e intercambio oral de información, utilizado para trabajar y profundizar desde el debate y análisis colectivo en un tema predeterminado.

Generalmente se exige la entrega del documento escrito que posteriormente se presentará oralmente. Es básicamente un trabajo de equipo pero la presentación oral la suele hacer una única persona.

Esta presentación no tiene por qué reducirse a la lectura del documento escrito, se debe utilizar soporte audiovisual.

7.5.3. Simposio

Un grupo de expertos (3 a 6 personas), generalmente multidisciplinar, exponen al auditorio sus ideas o conocimientos en forma sucesiva, integrando así una visión lo más completa posible acerca de la cuestión de que se trate.

Es una técnica bastante formal, que tiene muchas similitudes con las de la mesa redonda y con el panel.

La diferencia reside en que en la mesa redonda los expositores mantienen puntos de vista divergentes u opuestos, y hay lugar para un breve debate entre ellos y en el panel los integrantes conversan o debaten libremente entre sí, mientras que en el simposio los integrantes exponen individualmente y en forma sucesiva durante un breve espacio de tiempo (15 o 20 minutos), sus ideas pueden ser coincidentes o no serlo, y lo importante es que cada uno de ellos ofrezca su visión de *un aspecto particular del tema,* de modo que al finalizar éste quede desarrollado en forma relativamente integral y con la mayor profundidad posible.

El simposio es un evento que ofrece información autorizada y ordenada sobre los diversos aspectos de un mismo tema, puesto que los expositores no defienden "posiciones" (como en la mesa redonda), sino que "suman" información al aportar los conocimientos propios de su especialización.

Aún en un simposio que es un acto tan especializado, si los ponentes no quieren aburrir hasta la desesperación a la audiencia, es necesario que las exposiciones sean amenas y los datos comprensibles.

7.6. IMPROVISACIONES

La confusión entre el discurso improvisado y no leído debe ser superada para siempre. No deben, pues, considerarse como sinónimos.

Un buen discurso improvisado requiere una gran preparación previa, parece una contradicción pero en realidad no lo es.

Para atreverse a improvisar un discurso, hay que tener práctica en hablar en público y un cierto, digamos, descaro. No es imposible pero es necesario prepararse.

"Lleva tres semanas preparar un buen discurso improvisado"
Mark Twain

La gran ventaja es que cuando hay que improvisar, el orador ya está in situ y no solo tiene la visión general del lugar sino, incluso es posible, que haya podido interactuar con el público lo que le permite dar al discurso el tono adecuado al marco en el que se produce. Como contrapartida, no caben ensayos y generalmente no se dispone de tiempo para preparar una simple nota.

Algunos trucos para improvisar y no morir en el intento:

* Tomarse unos minutos para decidir qué y cómo se quiere transmitir.
* Ser breve. Aquí también es aplicable la máxima de **menos es más.** Hay que concentrarse en lo que realmente se quiere transmitir (agradecimiento, bienvenida, etc.).
* El primer minuto es crítico. El objetivo es captar la atención pero, sobre todo es mostrar que vale la pena escuchar.
* Emocionar.
* Cuidar el lenguaje no verbal y paraverbal.
* Final: Hay que dejar un buen sabor de boca y al menos una idea que requiera reflexión.

La creatividad es un acto súbito de la improvisación bien preparado
GERMAN CASTAÑOS

7.7. CÓMO AFRONTAR UNA AUDIENCIA DIFÍCIL

Es imposible gustar a todo el mundo, pero hay que tratar de complacer a la mayoría. Cuando esto no se produce, indudablemente, el orador tiene que cuestionarse qué está haciendo mal.

Ahora bien, hay ocasiones en las que aunque un gran sector de la audiencia escucha con atención y olvida su teléfono móvil y demás distracciones, hay un grupo o una persona que realmente rompe el discurso del orador, bien interrumpiendo continuamente o a través del lenguaje no verbal (bostezos, miradas, gestos).

La audiencia (o parte de esta) puede ser difícil por múltiples razones aunque las más comunes son la falta de conexión con el orador, la falta de interés o una reacción contraria cuando se presenta alguna cuestión polémica.

En los dos primeros casos, sin duda la reacción del ponente tiene que ser inmediata, provocando preguntas e introduciendo un toque de humor para dinamizar el entorno. Hay que captar la atención del público en el primer momento de la intervención. Si no se consigue entonces, difícilmente se va a lograr más tarde. Ya se ha comentado que los primeros segundos son críticos. Es en estos primeros instantes cuando se establece el vínculo entre el público y el orador. Una sonrisa a tiempo, agradecer la presencia del público y luego esperar un momento, ayudan a captar la atención y establecer el vínculo necesario.

Cuando el orador prepara su intervención debería anticipar una posible reacción adversa (si piensa que sus ideas pueden resultar polémicas), y en el caso previsible de que haya desacuerdo tratar de conocer los motivos. Esto permite al orador llevar preparadas las respuestas a las posibles críticas.

Si la reacción contraria del público hubiera sido totalmente imprevista y el orador ignorase sus razones, lo mejor es preguntarle directamente el porqué de su rechazo.

Lo que no se puede hacer es aceptar las críticas sin más, porque debilitaría la posición del orador (perdería autoridad). Tampoco éste puede atrincherarse en sus posiciones, criticando duramente los argumentos expuestos por el público e iniciando una discusión que termine crispando aún más los ánimos.

Un acto público no es el lugar más oportuno para una discusión acalorada. Muchas veces con prestar al público la atención debida es más que suficiente para ganarse su simpatía y respeto, aunque siga discrepando de los argumentos expuestos. En todo caso, el orador no debe confundir la actitud de de una persona concreta con una opinión contra-ria generalizada.

Una vez finalizada la intervención resulta interesante pedirle a alguien que haya asistido que de su opinión sincera de cómo ha resultado (puntos fuertes y puntos a mejorar).

A Marta (la perfeccionista) le rompen el discurso

Marta va a exponer en una escuela de negocios la nueva legislación laboral y cómo afecta a sus colegas. Existe un gran interés y la sala está llena a rebosar. Marta está contenta porque conoce muy bien el tema y considera que la información (muy completa y contrastada) que va a presentar, aclarará muchas dudas y redundará en beneficio del colectivo.
Cuenta con un público interesado y ávido de información. Tras ser presentada por el decano, inicia su intervención. No han transcurrido ni cinco minutos, cuando una persona del público levanta la mano y Marta, cortésmente le cede la palabra. Esta persona es locuaz en extremo y comienza contando su vida, de tal modo que Marta realmente no sabe cuál es la pregunta. Esta situación se produce reiteradamente a lo largo de toda la intervención. De tal manera que la ponente ha perdido totalmente el hilo del discurso y el público se ha dedicado a dibujar, participar en las redes sociales y a hacer fotos.
Marta finaliza su intervención sin haber podido presentar ni una cuarta parte de la información en la que tanta dedicación y tiempo invirtió.

Comentario
Sin duda, a Marta le rompió el discurso una persona, aunque la cuestión es si por responsabilidad de la persona que se dedicó a interrumpirla continuamente o si es su propia responsabilidad por no haber sabido impedir a tiempo que esta situación se produjera.
En este caso concreto quizá la solución habría sido pedirle a esta persona que se reuniera con ella, tras la conferencia, dado que el número de preguntas y su particular problemática, requería un trato personalizado.

Se muestra a continuación un gráfico en el que se describen algunos comportamientos que muestran algunas personas, que quizá no pretendan ser "público difícil" pero que tarde o temprano, encontraremos con ocasión de una intervención pública.

PÚBLICO DIFÍCIL
TIPOLOGÍA

Tipo de actitud	Comportamiento	Trato
Grosera	Impaciente, mal educado	Cortesía
Locuaz	Sin sentido del tiempo	Puntualizar
Egoísta	Prepotente	Seguridad
"Zombi"	Ausente, distraído	Provocar participación

Como conclusión, hablar en público, independientemente del contexto, requiere preparación, actitud positiva y sobre todo, pasión.

CAPÍTULO 8.

VENCER EL PÁNICO ESCÉNICO

En este capítulo se examinan el pánico escénico y su consecuencia natural que es el miedo a hablar en público; además, se exponen los síntomas más comunes y como vencer este miedo irracional.

El pánico escénico es real y universal, clasificar este temor como racional o irracional no es la solución. Tampoco sirve de gran ayuda saber que reputados músicos, oradores y actores lo padecen, porque no por ello nos va a parecer menos terrible.

En realidad, el temor nunca desaparece del todo, simplemente con la práctica se aprende a canalizar el pánico escénico. Sentada la base de que todos, en mayor o menor medida, sufrimos en alguna ocasión esta casi fobia social, lo importante es aprender a dominarla.

> **A lo único que le debemos temer es al miedo como tal.**
>
> **Franklin D. Roosevelt**

El principal síntoma es una sensación de parálisis mental que nos lleva a hacer una valoración irreal de lo que los demás esperan de nosotros, sobreestimando su opinión y subestimando las propias capacidades.

> **Este es un síntoma que no solo se presenta cuando hay que hablar en público, se produce en algunas personas ante cualquier acto social o ante un examen; en realidad el pánico escénico puede surgir en cualquier actividad que involucre las relaciones humanas.**

Alberto (el zombi) padece de pánico escénico pero ¿lo sabe?

Alberto es un profesional reputado que tiene dificultades para trabajar en equipo y gestionar personas. En realidad su principal problema es la comunicación cara a cara, Alberto no tiene problemas de comunicación en lo que podríamos llamar comunicación virtual (correo electrónico, redes sociales, *WhatsApp*, etc.).

Sus problemas comienzan cuando tiene una reunión (aunque sea a través de videoconferencia), debe hablar con las personas que forman su equipo y en general, cuando tiene que interactuar con otras personas.

Alberto nunca se ha preguntado por qué, siendo el "rey de la comunicación electrónica" tiene tantas dificultades en el cara a cara y tiende a pensar que el problema no es suyo sino de los demás. Piensa que la gente no está al día, salvo aquellos con los que interactúa en las redes sociales. Ellos hablan su mismo idioma y además comprenden la tecnología.

Comentario

Hay que preguntarse si Alberto en realidad tiene pánico escénico y esa es la verdadera razón de sus dificultades de comunicación.

Igualmente, habría que plantear si su desmesurada afición a la tecnología no es una forma de esconderse tras una pantalla para evitar toda relación que incluya el cara a cara, que en realidad le produce pánico.

8.1. SOBRE EL MIEDO A HABLAR EN PÚBLICO

En su forma más extrema, se denomina *glosofobia*[1], una de las fobias con mayor índice de recurrencia (19% de la población), por encima del miedo a las muerte (16%) o a las arañas (16%), independientemente de su localización geográfica.

---

1. Es un término que proviene del griego (glossa = lengua y fobos = miedo o temor) y su síntoma más importante es el **miedo a hablar en público.**

Y sin embargo, hablar en público no es al día de hoy una opción sino una necesidad y en muchos casos, una obligación. En el mundo de la empresa y en la Administración pública, ya nadie puede trabajar aislado. Se ha impuesto el trabajo en equipo, las reuniones, presentaciones y cada vez con mayor frecuencia, la videoconferencia y todo ello conlleva hablar en público.

El problema es que, a diferencia de otros países, en España no hay formación en el noble arte de la oratoria desde la escuela. En otros países como Estados Unidos, el poder de la comunicación es mucho más significativo y está más valorado que en el nuestro. La capacidad de realizar un buen discurso ante un gran auditorio forma parte de las competencias de un profesional de éxito.

Hablar en público no es como montar en bici que nunca se olvida. Hablar en público es algo que a medida que se practica, se hace cada vez más fácil y cuando no se hace, parece que la confianza en uno mismo desaparece paulatinamente.

El temor a hablar en público no surge de repente, está larvado y se comienza a percibir desde días antes de tener que hablar para hacerse patente unas horas o minutos antes del acto, acelerando los latidos del corazón y haciendo temblar la voz. Produce **inseguridad**, lo que nos lleva a buscar —ya sea consciente o inconscientemente— el respeto, la aceptación y la **valoración** de los demás.

Entre los síntomas fisiológicos, además de los citados, cabe mencionar:

- **Temblor de rodillas.** Lo ideal es utilizar un atril si no se puede hablar sentado.
- **Sudor.** Este es un síntoma muy común. Aunque parezca mentira, el llevar chaqueta, a pesar de que se piense que producirá más calor, evita que el público vea las manchas de sudor y perciba el miedo. Conviene tener a mano un pañuelo para la cara.

- **Boca seca.** Este es uno de los síntomas más fáciles de controlar, hay que asegurarse de tener agua.
- **Voz titubeante.** El temor hace que la respiración sea muy superficial, eso le quita fuerza a la voz y hace que suene temblorosa. Respirar profundamente permitirá tener un flujo de aire regular y ayudará a tranquilizarte.
- **Rubor.** Muchos autores recomiendan no preocuparse por el rubor en la cara, al seguir respirando profundamente y centrarse, el rubor desaparecerá.

Estos síntomas fisiológicos son llamativos pero son mucho más dañinos los psicológicos pues aunque invisibles para los demás, minan en extremo al sujeto. Los más comunes son ansiedad, pánico, estrés y la sensación de tener la mente en blanco.

El temor a hablar en público es un tipo de ansiedad que imposibilita la comunicación.

Estos síntomas suelen presentarse en tres fases claramente diferenciadas:

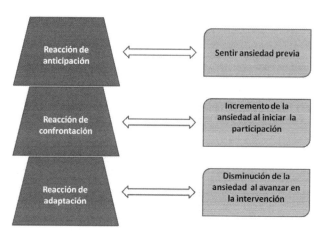

Enrique (el estudioso) se queda "en blanco"

Enrique tiene que hablar a un grupo de inversores. Está un poco nervioso por tratarse una gran responsabilidad.

Ha preparado su discurso concienzudamente, pero aunque falta más de una semana, nota como mariposas en el estómago.

Ha estado ensayando y tiene la sensación de que cada vez lo hace peor. Tiene ya aburridos a sus amigos y no parece que mejore sino más bien lo contrario.

Llegado el gran día, se preocupa de tener sus notas a mano, llega con antelación a la sede del evento, revisa tanto el ordenador como el cañón de proyección. Tiene que presentar un gran volumen de datos y la presentación le será de gran ayuda.

La persona que le presenta, además de conocerle, le tiene un gran afecto, por lo que hace un verdadero panegírico de su profesionalidad y pericia técnica. Esto en lugar de tranquilizarlo, añade un poco más al peso de la responsabilidad que Enrique ya siente como una losa.

Cuando comienza a hablar, nota que su voz tiembla un poco y como una opresión en el pecho, además el sudor empieza a hacerse presente. Menos mal que está apoyado en un atril, si no cree que se caería redondo. Mientras experimenta todos estos síntomas de pánico, se da cuenta de que a pesar de tanto ensayo, su mente se ha quedado en blanco y no tiene la menor idea de lo que debería contar.

Comentario

Claro está que Enrique ha sufrido un ataque de pánico que le produce tanto síntomas físicos como psicológicos. La parálisis mental le ha dejado la mente en blanco.

La buena noticia es que estos ataques se producen en cuestión de segundos y el que lo sufre, si tiene las herramientas necesarias, puede vencerlo, también en segundos y podrá seguir adelante con su discurso, sin mayor problema.

8.2. CÓMO IDENTIFICAR LAS CAUSAS DEL MIEDO A HABLAR EN PÚBLICO PARA COMBATIRLAS

Para superar el miedo a hablar en público, es necesario identificar las causas subyacentes.

Existen algunos factores a tener en cuenta:

- Algunos expertos opinan que el miedo a hablar en público puede tener un **origen cultural.** Si una persona crece en un entorno en el que se considera que hablar en público es algo natural y gratificante, el miedo no existirá, en la mayoría de los casos.

Si por el contrario, la persona ha crecido en una sociedad que ni es abierta ni comunicativa, entre el miedo y la aversión a hablar en público, este aspecto cultural tendrá mucho peso en su desarrollo personal y típicamente se produce:

— Miedo a ser observado
— Miedo a la crítica
— Miedo al fracaso
— Miedo a ser discriminado
— Falta de dominio del tema que se va a tratar

- El **temor al ridículo** es de los más comunes, es un miedo omnipresente, no solo cuando hay que hablar en público, sino en todo tipo de actividades sociales y profesionales que si no se canaliza adecuadamente, tiende a hacerse más virulento.

El miedo a quedarse en blanco realmente es temor al ridículo. Seguramente, en este temor se esconde el miedo a que los oyentes no entiendan lo que se quiere transmitir, o que no sea de su interés.

- **Déficit de habilidades:** Falta de las habilidades básicas de comunicación.

1 • Origen cultural

2 • Temor al ridículo

3 • Déficit de habilidades

Isabel (la nerviosa) recuerda cómo superó su miedo

Isabel procede de un ambiente rural y desde muy pequeña escuchó en su casa que lo bueno era no significarse de ningún modo. Lo que se dice, es mejor no llamar la atención.

Isabel, hasta cierto momento, ha sido muy fiel a la educación recibida en casa pero al iniciar su etapa laboral comenzó a dudar sobre las ventajas de no significarse. En un mundo tan competitivo como es el de la empresa, no hay que llamar la atención porque sí, pero hay que hacer ver lo que se vale. Esta idea entra en clara contradicción con lo aprendido desde la infancia.

Transcurre el tiempo y un buen día su jefe debería atender a unos clientes pero ha tenido un accidente. A Isabel no le queda más remedio que actuar en su nombre. Recibe a los clientes (esto es fácil) y a continuación tiene que presentarles un producto.

No tiene ni idea de dónde estará la presentación que iba a utilizar el jefe, por ello y sin más preparación que su profundo conocimiento del producto, les cuenta a los clientes sus características y ventajas de manera apasionada (adora su trabajo) y elocuente.

Cuando termina la reunión, un compañero le comenta que se ha admirado de su seguridad y facilidad de palabra.

En realidad, Isabel estaba aterrorizada pero decidió que había colaborado en el desarrollo y el marketing del producto y que lo podía hacer. La verdad es que le temblaban las piernas y no sentía calor sino más bien, un frío helador.

Comentario:
El origen del miedo de Isabel es básicamente de origen cultural. Seguramente su actuación ante los clientes, a causa de un accidente, no es más que el colofón a sus reflexiones sobre la competitividad.

Aunque no estaba preparada para intervenir contaba con un profundo conocimiento del tema y esta ha sido su gran baza. Adicionalmente, Isabel supo canalizar sus temores, logrando como resultado una elocuencia digna de mención. Después de esta experiencia, posiblemente Isabel haya disfrutado de su recién descubierta habilidad para hablar en público.

8.3. MÉTODOS DE REDUCCIÓN DEL MIEDO A HABLAR EN PÚBLICO

Uno de los pasos más importantes hacia la superación del miedo a hablar en público es desarrollar las estrategias para combatirlo.

Cierto grado de ansiedad es normal a la hora de hablar en público, e incluso puede ayudar a la persona a estar preparada para afrontar la situación.

Se muestran a continuación algunos pasos que son de gran ayuda a la hora de combatir la ansiedad de hablar en público:

* **Conocer el tema que se va a tratar.** Cuanto más se sepa y se haya investigado sobre el tema, menos posibilidades habrá de cometer un error o de sufrir ataques por parte del público.

  Cuando se domina el tema de la exposición, se reducen notablemente las posibilidades de cometer fallos, lo que **genera confianza y disminuye el nivel de ansiedad.**

* **Organizarse.** Planificar y preparar con suficiente tiempo de antelación, según lo expuesto en el capítulo 6, toda la información incluyendo el material de apoyo. Usar además, un guión que evitará salirse de lo programado. Igualmente, es importante visitar la sede del evento con antelación, tanto para familiarizarse con el lugar, como para revisar el equipo técnico.

* **Practicar, practicar y volver a practicar.** Hay que hacerlo varias veces. Una primera vez a solas y luego con personas de confianza (amigos o familiares), que deben comentar los fallos y los aciertos. También es una opción, grabar en vídeo los ensayos y analizarlos para ver las posibilidades de mejora.

- **Visualizar el éxito.** Imaginar que la intervención será un éxito. El pensamiento positivo reduce en parte las sensaciones de negatividad y la ansiedad.

- **Realizar ejercicios respiratorios.** Días antes de la presentación realizar ejercicios respiratorios y también respirar profundamente antes de iniciar la intervención y repetir en el momento que se sientan los síntomas de ansiedad durante la intervención.

EJERCICIO RESPIRATORIO

1. Aspirar aire en forma lenta y continua, contando mentalmente 1-2-3-4, siendo cada tiempo el valor aproximado de un segundo.

    Retener el aire en los pulmones por un corto espacio de tiempo.

2. Espiración lenta del aire; contando mentalmente 1-2-3-4, siendo cada tiempo el valor aproximado de un segundo.

3. Aguantar un segundo con los pulmones vacíos.

4. Repetir el ciclo 5 veces.

5. Descansar y volver a practicar.

- **No temer al silencio.** Cuando se pierde el ritmo o se queda la mente en blanco, parece que se hace un silencio interminable. Esto es solo una cuestión de percepción, en realidad puede que el silencio solamente dure unos segundos, pero aunque se prolongue no pasa nada. Como ya se ha dicho anteriormente, hay que aprender a administrar los silencios y utilizarlos a favor del discurso. Puede que sea el momento para respirar profundamente y continuar.

- **Celebrar el éxito.** Después del discurso todos nos merecemos una (auto) palmadita. El hecho de haber superado la prueba, ya es un éxito. Posiblemente la auto-crítica nos hará ver errores que seguramente pasaron desapercibidos para los demás. Hay que contemplarlo como una oportunidad de mejorar para la próxima vez.

8.3.1. Cuestiones a evitar

En primer lugar, y salvo que la situación lo exija, no se debe leer el discurso, resulta artificial y es totalmente desaconsejable. Tampoco es aconsejable intentar memorizarlo. La idea es saber qué se quiere decir y preparar las notas que incluyan los hitos del discurso.

> **El miedo a no captar la atención de la audiencia se puede superar estando bien preparado. La preparación de una buena introducción y una información de valor, asegura la atención.**

Muchos oradores "miedosos" parece que quisieran terminar cuanto antes, por lo que imprimen una gran velocidad a la locución, olvidando las necesarias transiciones y pausas. Hablar muy rápido interfiere en el ritmo de la respiración, casi parece que se dejara de respirar, entonces falta el aire, provocando así uno de los síntomas del pánico.

Algunas veces, incluso se acorta el discurso al dejar de introducir alguna parte de lo que se había preparado.

Todo ello reduce la oportunidad de que la audiencia disfrute de su charla, creando una barrera entre ellos y el orador.

Hay que quitarse de la cabeza frases del tipo "cuanto antes termine, mejor", "en cuanto acabe, se pasa este mal rato", etc. Si está previsto hablar veinte minutos, hay que utilizar ese tiempo y además disfrutarlo.

Igualmente, hay que evitar los pensamientos y etiquetas de culpabilidad del tipo "si fuese diferente, lo haría mejor", "siempre me han tachado de torpe a la hora de expresarme".

Al hablar en público con miedo, se tiende a ignorar a la audiencia, con la falsa idea de que así se sentirá menor ansiedad. Se evita establecer contacto visual con la audiencia, con ello se pierde la posibilidad de ver las reacciones del público, si está interesado o quiere plantear alguna pregunta.

Cuando no conecta con la audiencia, el orador se centra en sus propios pensamientos, que sin duda serán mucho más negativos e irreales que los que el público pueda sentir.

Tampoco es eficiente, olvidar el lenguaje no verbal, que por otra parte, siempre nos acompaña, hay que mirar a la audiencia, ignorarla no es la solución, sonreír y proyectar **seguridad, acción y emoción.**

Finalmente, todos los esfuerzos por ocultar el temor, añaden un miedo adicional, el miedo a ser descubierto.

Todo ello conlleva un efecto negativo colateral. Cuando ha terminado el discurso, aunque lo haya hecho muy bien, el orador no disfrutará de su éxito porque estará pensando "si supieran lo mal que lo he pasado, no me mirarían así".

Muchos oradores experimentados y que tienen gran éxito en sus presentaciones y discursos, sienten un gran miedo a hablar en público. Desafortunadamente, como nunca han reconocido sentir ese miedo, viven con la sensación de estar "engañando" y por ello, no se sienten satisfechos. Es necesario, romper este círculo vicioso y una forma de hacerlo es simplemente reconocer los nervios.

Como conclusión, la habilidad de hablar en público y de comunicar con eficacia y no como un zombi, no es una condición heredada, ni está impresa en el ADN, se trata de una habilidad que se puede aprender y desarrollar.

El público no es el enemigo —aumentará en el orador el miedo y la ansiedad—, debe ser vivido como un grupo de personas con interés por la materia o el propio conferenciante.

Hablar en público es una actividad más de la vida profesional y social. Es posible que se consiga evitar en una ocasión u otra, pero irremediablemente llegará el día en que no se logre eludir, por ello conviene estar preparado.

Conviene recordar algunos casos extraordinarios de superación, Churchill —considerado como uno de los oradores más importantes de la historia— se describía a sí mismo como una persona con un impedimento en el habla, pero trabajó constantemente para superarlo.

Demóstenes, quizá el mejor orador de su época, según la leyenda venció su tartamudez hablando con un pequeño guijarro introducido en la boca. Lo cierto es que Demóstenes a fuerza de voluntad logró superar los defectos físicos que lo afligían.

A lo largo de este paseo en el que hemos acompañado a personas y zombis en sus avatares, el lector habrá podido comprobar que si se dota de las herramientas necesarias y comienza a practicar, dominará sus temores y comenzará a disfrutar hablando en público.

Se trata de una magnífica oportunidad para compartir las buenas ideas, el conocimiento adquirido y porqué no decirlo, de influir en la gente.

BIBLIOGRAFÍA

Albrecht, K. (2007), ***Inteligencia Social. La nueva ciencia del éxito,*** Zeta.

Alonso Puig, Mario, ***El cociente agallas,*** Premio Espasa 2013, Espasa Libros, 2013.

Cuadrado, Carmen, ***Protocolo y comunicación en la empresa y los negocios,*** 7ª edición, FC Editorial.

Dans, Enrique, ***Todo va a cambiar: Tecnología y evolución: Adaptarse o desaparecer,*** Deusto Ediciones, 2010.

Davis, Flora, ***La comunicación no verbal,*** AlianzaEditorial.

Donovan, Jeremey, ***How to deliver a TED TALK,*** McGraw Hill Education.

Goleman, Daniel, ***La práctica de la inteligencia emocional,*** Kairós, 1999.

Londoño Mateus, M. Claudia, ***Cómo sobrevivir al cambio, inteligencia emocional y social en la empresa.*** 2ª edición, FC Editorial.

Sadowsky, John, ***Las siete reglas del storytelling,*** Ediciones GRANICA.

Urbina de, José Antonio, ***El gran libro del protocolo,*** Editorial Temas de Hoy, 2001.